Liefde

'De eerste roman van Daphne Deckers is uit, en
wat is hij fijn! (...) Hilarische situaties en de tongue-
in-cheek schrijfstijl maken dat je dit boek in een
ruk wilt uitlezen.' *Flair*

'Een heerlijke, grappige roman over relaties en
vriendschap.' *Fab*

'Een vileine zedenschets, vlijmscherp geformuleerd.'
Het Parool

ISBN 978 90 499 5245 7 / 384 p. / € 19,90

Daphne Deckers

Liefde

Uitgeverij Carrera, Amsterdam 2012

De columns in *Liefde* verschenen eerder in
De Telegraaf Vrouw

© 2012 Daphne Deckers
© 2012 Uitgeverij Carrera, Amsterdam
Omslagontwerp Riesenkind, 's-Hertogenbosch
Auteursfoto © Nick van Ormondt
Typografie Perfect Service, Schoonhoven

ISBN 978 90 488 1633 0
NUR 401

www.uitgeverijcarrera.nl
www.daphnedeckers.nl

Carrera is een imprint van Dutch Media Uitgevers bv.

Inhoud

Valentijnsdag

Wat geef je een man op Valentijnsdag? Laat ik eens beginnen met wat je hem níét moet geven. Een knuffelbeer. Hartvormige koffiekopjes. Bloemen. Grijsdekkende haarverf. Maaltijdvervangers. Geurkaarsen. Een push-upslip die zijn zaakje nog wat doet lijken. Massage-olie. De dvd van *Sex and the City*. Sierkussens. En natuurlijk ieder zelfhulpboek uit de categorie: 'Man, durf te praten!'. Maar wat willen mannen dan wel? Dat blijkt heel eenvoudig te zijn. Mannen willen gadgets. Een gadget is de mannelijke G-spot. Vergeet seks. Vergeet lingerie. Je krijgt de man van nu vooral aan het kwijlen met een iPhone. Dat is onlangs pijnlijk duidelijk geworden op de Amerikaanse televisie. Daar had Playboy TV een nieuwe realityshow bedacht: *Gadget or the Girl*. Een man moest uit drie lekkere wijven er twee kiezen, daarmee een dagje daten, en er dan één overhouden. Vervolgens kon hij weer kiezen: met het bewuste meisje een weekendje weg of gokken op de *mystery gadget*. Dat kon van alles zijn, variërend van een flipperkast tot een 60 inch-flatscreen-tv.

En wat denk je? De meeste mannen kozen voor de gadget! Soms bleek het een lullige mp3-speler van amper honderd euro te zijn, maar dan nóg waren ze er blij mee. Is het omdat er meer knopjes op zitten? Op een vrouw zitten er tenslotte maar twee – de derde blijkt voor veel mannen toch nog moeilijk te lokaliseren. Of is het een kwestie van een simpele kostenbatenanalyse en heb je gewoon langer lol van zo'n elektronisch speeltje? Begrijp me niet verkeerd: ook ik kan een strakke gadget waarderen. Ik wil bijvoorbeeld heel graag de Sony Reader die dit jaar eindelijk naar Nederland komt: een e-bookspeler met 'echte' pagina's, waar je wel 160 boeken op kunt laden. Maar geen seks? In ruil voor een gadget? Dat kan toch niet waar zijn. En toch is dit precies wat mannen aangeven in onderzoeken. Maar liefst 47 procent van de Engelse heren zou zes maanden droog willen staan voor een 60 inch-flatscreen-tv. Dat inspireerde een gadgetsite tot hun eigen poll: voor welk hebbeding zouden mannen afzien van een lekker ding?

De PlayStation eindigde hierbij op nummer drie en de iPhone op nummer twee. En op nummer één, daar is-ie weer, stond de 60 inch-flatscreen-tv. Wat is dat toch met die monsterlijke tv? Dat ding heeft een doorsnede van anderhalve meter! Heb je slechte ogen of zo? Helaas blijkt ook het computerscherm een zaadverlagend effect te hebben, want uit een onderzoek van softwarefabrikant Intel is gebleken dat ruim 30 procent van de mannen liever twee weken zonder seks zou doorbrengen dan zonder internet. Wat is nu de moraal van dit verhaal? Willen mannen seks met een gadget? De iPhuck, zou dat het ultieme zijn? Maar je schuift een bedpartner toch niet opzij voor een plasmascherm of een touchscreen? 'O nee?' zei Richard, zonder op te kijken van de tv, 'en als die Amerikaanse realityshow nou *Bag or the Boy* had geheten? Dat vrouwen mochten kiezen tussen een weekendje met een lekkere kerel of een dure designerhandtas?' Wat – een Dior Gaucho? Een Gucci Hysteria? Of een Hermès Birkin?! Sorry, in dat geval zal die lekkere kerel zijn USB-stick ergens anders in moeten steken.

Het appelexperiment

Schelden doet geen zeer? Daar denkt een appel anders over. In een Engelse krant las ik een interview met gedragstherapeute Nikki Owen die beweert dat je een appel sneller kunt laten rotten door hem te bestoken met lelijke woorden en negatieve energie. Er stond een foto bij van twee stukken appel waarvan de één inderdaad veel meer beschimmeld was dan de ander. Maar ja, wat zegt dat? Bij dit soort beweringen voel ik altijd een gezonde dosis argwaan: eerst zien, dan geloven. Geen probleem, meende Owen, je kon thuis makkelijk de proef op de som nemen door een appel doormidden te snijden en beide helften afzonderlijk in twee glazen potjes te doen. Het ene potje noem je 'liefde' en het andere potje 'haat'. Vervolgens mag je een week tekeergaan tegen het haat-appeltje: schelden, klagen of uitlachen – alles is geoorloofd. Het liefde-potje daarentegen moet je koesteren alsof het je favoriete huisdier is; je geeft het appeltje complimentjes en heel veel positieve aandacht.

Ha – ik zag het gezicht van Richard al voor me als

ik een glazen potje zou gaan aaien. En moest ik echt een week gaan foeteren op een appel? Het klonk mij allemaal net iets te veel naar zweefteef. Toch was ik geïntrigeerd. Want appels bestaan voor ongeveer 60 procent uit water – net als het menselijk lichaam. En dáár gaat het Nikki Owen om. Zij is er heilig van overtuigd dat mensen die lelijke dingen over zichzelf denken, ook eerder bederven; vanbinnen en vanbuiten. Een interessante gedachte – maar verschrompelt een appel écht van negatieve energie? Nu wilde ik het weten ook. Tijd voor een thuisexperiment. Ik riep mijn kinderen erbij, en deed twee stukken appel in glazen potjes. Het grappige was dat Emma en Alec het helemaal geen raar idee vonden. Praten tegen een appel? Leuk, gaan we doen! Kinderen staan veel meer open voor verrassingen dan volwassenen; ze zitten nog niet vastgeroest in de dwangbuis van de logica. Mijn vrienden daarentegen keken in het begin enigszins verontrust naar mijn interactie met twee halve appels. Had ik een Prinses Irene-moment?

Maar het duurde niet lang of iedereen deed vrolijk mee. De één kwam gefrustreerd uit de file, de ander geïrriteerd van het werk, en allemaal gaven ze de haat-appel de wind van voren. Ik moet eerlijk zeggen dat het best lekker was, zo'n pispaaltje in huis. Waar ik soms nog weleens in de verleiding kan komen om mijn vermoeidheid af te reageren op mijn gezin, kon ik nu stoom afblazen bij een halve appel. Het resultaat was verbluffend. Na twee dagen kon je al verschil zien, maar na een week was het onderscheid ronduit verbijsterend. De haat-appel was bruiner, verder verschrompeld en had een veel grotere schimmelplek dan de liefde-appel. Nikki Owen had gelijk: harde woorden komen daadwerkelijk hard aan. Het was een prachtige gelegenheid om aan Emma en Alec te laten zien dat een menselijk pispaaltje ongetwijfeld óók verschrompelt. Dat ruziemaken de sfeer letterlijk kan bederven, en dat je jezelf een 'rot' gevoel kunt geven door steeds maar weer negatieve dingen tegen je spiegelbeeld te zeggen. Minder hard en meer hart – het is gewoon beter voor je schilletje.

Emma's kamer

Ik doe Emma's slaapkamerdeur open. Tussen alle bouwmaterialen kan ik met mijn zwangere buik nergens zitten, maar in mijn gedachten zie ik de hele babykamer al staan. Ja, de meubels weet ik wel te plaatsen. Maar het feit dat ik voor het eerst moeder ga worden nog niet. Ik kan nog geen plant in leven houden. Ik was als kind geen poppenmoeder, heb zelfs nooit gebabysit. Maar Richard zegt dat het vast vanzelf zal gaan. Dat ik het los moet laten, al die onzekerheid.

Ik doe Emma's slaapkamerdeur open. De letters E M M A prijken in vrolijke kleuren op haar deur. De muren zijn lichtgeel en er hangen blauwe gordijntjes. Iedere avond moet ik even naast Emma blijven zitten, haar kleine handje in de mijne. Terwijl ze in slaap valt, wordt haar knuistje steeds slapper totdat ze uiteindelijk alleen nog maar mijn wijsvinger vastheeft. Moeder zijn gaat inderdaad vanzelf. Het is alsof mijn hart uit mijn lichaam is gehaald, en er armpjes en beentjes aan vast zijn gemaakt.

Ik doe Emma's slaapkamerdeur open. Er hangen

posters van Kikker, Muis en de Teletubbies. Emma staat rechtop in bed, te stuiteren van plezier wanneer ze mij ziet. Is er ooit iemand zó blij om je te zien als een dreumes? 'Heppe verruf!' zegt ze trots. En dan zie ik dat ze met poep uit haar luier strepen op het behang heeft getekend. Ik moet lachen. Want het blijkt zo wáár: zelfs als ze met poep in de weer gaan, vind je het nog kunst.

Ik doe Emma's slaapkamerdeur open. Ze is ongelooflijk trots op haar kroontjesbed. Richard en ik hebben dat aan haar weten te slijten als een 'grotemeisjesbed' omdat zij haar eigen, vertrouwde bedje aan haar nieuwe broertje Alec heeft moeten afstaan. Muis gaat van de muur en er komen Disney-prinsessen voor in de plaats. Weg zijn de rompertjes. Er liggen nu prinsessenjurken, plastic tiara's en veren slippertjes.

Ik doe Emma's slaapkamerdeur open. Schaterend van de lach klimt ze boven op haar roze hoogslaper. Het gevaarte heeft roze kussens, roze gordijnen en een roze tentdak. Er komen posters van Winx, dekbedovertrekken van Totally Spies en kussens van K3. Ze wil niets liever dan met me spelen, mij betrekken in al haar spannende verhalen. Er zit tenslotte ook een Daphne in Winx, dus die mag ik dan zijn. Ik ben de 'lievste mama van de heele weerolt'. Deze magische periode lijkt eeuwig te duren.

Ik doe Emma's slaapkamerdeur open. De letters E M M A zijn van haar deur verdwenen. Te kinderachtig. Ook de meiden van Totally Spies zijn gesneuveld. Het is nu High School Musical, Hannah Montana, The Jonas Brothers. En die roze hoogslaper – kan die niet weg? Er staat een bureau met een computer. En er hangt een briefje op de deur: EERST KLOPPEN.

Ik doe Emma's slaapkamerdeur open. Ze is jarig geweest, en mocht een nieuw kleurtje op de muren. Ze heeft alles paars geverfd. Er staat nu een twijfelaar, met een wit dekbedovertrek. Ze schrijft in een dagboek waar een slot op zit. Kijkt verstoord op als ik binnenkom. Hoe moet dat, moeder zijn van een puber? Richard zegt dat het vast vanzelf zal gaan. Dat ik het los moet laten, al die onzekerheid.

Vrouw aan het stuur

Vanaf nu is het officieel: kinderen vinden dat hun moeder beter kan autorijden dan hun vader. Dat was een hele verrassing. Voor de vaders dan, want moeders wisten dit natuurlijk al lang. Mannen zeggen graag: 'Vrouw aan het stuur, bloed aan de muur', maar in de praktijk blijkt dat eerder andersom te zijn. Een Engels autoverhuurbedrijf heeft duizend kinderen tussen de zes en vijftien jaar ondervraagd over hun voorkeuren, en de uitkomst was duidelijk: het merendeel zit liever op de achterbank bij hun moeder. Volgens de kinderen draait mama betere muziek, speelt ze onderweg leukere spelletjes en vertelt ze betere grapjes. Maar dat niet alleen: kinderen voelen zich bij hun vader in de auto minder veilig, want hij wordt sneller boos op andere automobilisten, rijdt harder en heeft vaker een bijna-ongeluk. Gelukkig was er ook nog goed nieuws voor de heren, want vaders kunnen volgens hun kinderen beter (in)parkeren, beter schakelen en ze raken minder snel de weg kwijt. Maar ja, voor dit soort probleempjes zijn heel fijne dingen uitgevonden zoals *park distance control*, een automaat en gps. Voor 'boos worden in de auto' bestaat echter nog geen *app*.

Nu is kritiek op hun rijstijl (in de auto én tussen de lakens) voor veel mannen een teer punt. Bij de game-release van Gran Turismo 5 deed PlayStation een onderzoekje naar mannen en hun auto, en daar kwam uit dat mannen het hoogst irritant vinden wanneer hun partner zich gaat bemoeien met hun rijstijl. Dat je als vrouw inderdaad op je woorden moet letten, bleek uit het onthutsende gegeven dat een derde van de ondervraagde mannen aangaf dat zij hun droomvrouw zonder pardon zouden inruilen voor hun droomauto. Echt? Daar moest ik even over nadenken. Want wat maakt een auto nu leuker dan een vrouw? Is het omdat je er nieuwe onderdelen op kunt zetten als de oude je niet meer bevallen? Of zou het komen omdat je tegen een auto niet hoeft te praten nadat je erin hebt gereden? Dat laatste klinkt aannemelijk, maar in het Play-Station-onderzoek heb ik gelezen dat een kwart van alle mannen juist wél tegen hun auto praat. Da's heel apart.

Ik stel voor om eens wat minder tegen de carrosserie te praten en wat meer tegen de kinderen op de achterbank. Of tegen vrouwlief op de passagiersstoel – zelfs als ze zo hinderlijk zit mee te remmen. Mannen omschrijven hun rijstijl graag als 'dynamisch', maar misschien is 'dwingend' een betere term. Iets meer hoffelijkheid zou dan ook helemaal geen slecht idee zijn. Laatst was ik met Richard op een parkeerplaats toen we zagen dat een man uitstapte om de deur van de auto open te houden voor zijn vrouw. 'Kijk,' zei ik tegen Richard, 'het bestaat nog!' Waarop hij antwoordde: 'Dat kan maar twee dingen betekenen: het is een nieuwe auto. Of een nieuwe vrouw.' Daar moest ik erg om lachen. Kinderen kunnen dan wel vinden dat mama's grapjes leuker zijn, maar eerlijk gezegd vind ik dat mannen vaak meer zelfspot hebben dan vrouwen. Zo werd ik een paar dagen geleden ingehaald door een automobilist met deze sticker op zijn achterklep: PAPA HEEFT EEN SCHEET GELATEN — EN WIJ KUNNEN ER NIET UIT!

Hoofdpijn

Net nu de griepepidemie in Nederland voorbij schijnt te zijn, ben ik ziek geworden. Mijn hoofd bonst en het lijkt wel of ik een pakje scheermesjes heb ingeslikt. Richard en de kinderen zijn alle drie al ziek geweest, maar een moeder is meestal de laatste boom die wordt geveld. En dus lig ik rillend op de bank, omringd door lege strips zuigtabletten, bodempjes bouillon en twee ongeduldige kinderen. Moeders mogen namelijk niet ziek zijn – dat staat niet in hun cao. Twee jaar geleden schreef ik nog in een column dat Emma bang was dat ik aan de griep zou doodgaan en dat Alec mij probeerde te genezen met zijn 'tovercape'. Die fase zijn ze inmiddels voorbij. Ze weten nu dat ik niet aan de griep kom te overlijden. Sterker nog, ik mág deze week niet doodgaan want ik zou ze nog meenemen naar de speelgoedwinkel voor nieuwe pakjes Pokémon-kaarten. En beloofd is beloofd, weet je wel. 'Jongens, ik heb keelpijn,' zeg ik met raspende stem, 'ik kan niet zo goed praten.' 'Oké,' antwoordt Emma, 'maar wat eten we vanavond?'

'Mama,' vraagt Alec, 'wie is er eigenlijk sterker: Spider-man of een dinosaurus?' 'Ligt eraan wat voor dinosaurus,' kan ik nog uitbrengen. 'Een tierannosausius reks. Is die sterker dan Spiderman?' 'Alec... praten doet pijn vandaag. Laten we samen een filmpje kijken en lekker niks zeggen.' Dat doen we. De letters AL verschijnen in beeld: alle leeftijden. 'Mama,' ratelt Alec, 'betekent dat écht alle leeftijden? Mag je ook naar deze film kijken als je honderd bent? En als je al dood bent?' Emma rolt met haar ogen. 'Als je dood bent, kun je niet veel meer zien, hoor. Toch, mama?' Ja-haaa, kijk nou maar en laat mij met rust. 'Mama,' zegt Alec opeens, 'ik ben 's nachts weleens bang dat er een reus in ons huis komt. Kan dat?' 'Nee, dat kan niet. Wij hebben een bordje op de deur: VERBODEN VOOR REUZEN.' 'En als die reus nou niet kan lezen?' O. Zucht. En ik héb al zo'n pijn aan mijn hoofd. 'Een reus kan sowieso niet naar binnen,' kreun ik, 'want daar is-ie te groot voor.'

'Ik word later nóg sterker dan Spiderman,' zegt Alec. Hij zit midden in een fase van grootheidswaanzin. Da's typisch iets voor mannen – jong én oud. Toen de kinderen laatst in een museum een wens mochten ophangen aan de takken van een droomboom, schreef Alec: 'Ik wil later met tennissen de nummer één van de wereld worden.' Emma wenste alleen maar een leuke man met wat kinderen. Dit patroon houdt overigens nog wel even aan. Zo had Emma gisteren een vriendenboekje bij zich van een klasgenootje, waarin ook de ouders van dat meisje antwoord hadden gegeven op de vraag: wat is jouw grootste wens? De moeder schreef braaf: vrede op aarde. De vader daarentegen hoopte alleen maar dat Nederland ooit wereldkampioen voetballen zou worden. Man versus vrouw in een notendop. Ik gooi er nog een bruistablet in. 'Mama,' tettert Emma, 'jij zei toch dat een reus niet in ons huis zou passen?' Ja – dus? 'Maar stel nou dattie een verkleinstraal bij zich heeft?' Opeens weet ik het zeker: hoofdpijn is erfelijk. Je krijgt het van je kinderen.

Onbeantwoorde liefde

Er zijn maar weinig dingen slechter voor je gevoel van eigenwaarde dan een onbeantwoorde liefde.

Een van mijn vriendinnen is net van baan veranderd omdat zij sterke gevoelens had voor een collega die helaas niet wederzijds waren. Ze vond het iedere dag weer een vreselijke opgave om in één kantoorruimte met hem te moeten zijn. Mensen kunnen wel zeggen: 'Kom op, zet jezelf eroverheen,' maar zo eenvoudig is dat niet. Uit hersenonderzoek is gebleken dat het deel van je brein dat oplicht bij een verliefdheid hetzelfde deel is dat reageert op drank en drugs. Verliefdheid is dus een vorm van verslaving – oud nieuws voor iedereen die ooit te kampen heeft gehad met een gebroken hart. En vallen we daar niet allemaal onder? Een onbeantwoorde liefde blijft vaak langer door etteren dan een verbroken relatie, omdat het zo'n hoog fantasiegehalte heeft. Je krijgt immers niet de kans om uitgekeken te raken op de ander; leert zijn slechte kanten nooit kennen, en zult zijn ware aard (die misschien helemaal niet zo geweldig is) niet ontdekken.

En dus blijft de fascinatie voor iemand onverminderd groot, met veel getob over wat-als en misschientoch. Het enige wat echt helpt, is afstand nemen. En verantwoordelijkheid, want een groot deel van een niet-wederzijdse liefde is gebaseerd op de projectie van allerlei wensen en fantasieën – niet op de daadwerkelijke man of vrouw zelf. Ik heb het van beide kanten meegemaakt. Een man met wie ik al lange tijd bevriend was, verklaarde mij plotseling tijdens een etentje zijn liefde. Ik wist helaas totaal niet hoe ik daarmee om moest gaan, en onze vriendschap heeft zijn ontboezeming dan ook niet overleefd. Maar het is me ook een keer overkomen dat ik zelf verliefd was op iemand die deze gevoelens niet kon beantwoorden. Het woord 'gênant' dekt hierbij nauwelijks de lading. Het is héél ongemakkelijk, zeker wanneer er de dodelijke tekst achteraankomt: 'Maar we kunnen toch gewoon vrienden zijn?' Nee! Dat kan niet! Je kunt een verslaving niet kwijtraken door een beetje gezellig recreatief te blijven snuiven. Je moet stoppen – cold turkey.

Dat mijn vriendin van baan veranderde, lijkt misschien drastisch, maar het was voor haar in ieder geval een positieve stap voorwaarts. Het hangt er ook vanaf hoe de persoon aan wie je je gevoelens hebt opgebiecht, reageert. Sommigen zullen voortaan in een grote boog om je heen lopen, maar anderen zullen het stiekem ook wel vleiend vinden, en het spel net genoeg meespelen om je geïnteresseerd te houden. Helaas staat het concept van 'de eer aan jezelf houden' haaks op verliefd zijn, want dan doe je bij uitstek dingen die je later, wanneer je weer bij zinnen bent gekomen, tenenkrommend vindt. Overigens is het tegenwoordig ook nog eens extra moeilijk om van iemand afstand te nemen, aangezien we gevangenzitten in een web van social media. We weten allemaal hoe verleidelijk het is om te cybergluren, maar in het geval van een onbeantwoorde liefde moet je drastisch zijn: ontvrienden, niet meer volgen op Twitter, en van nummer veranderen. 'Ik zie het als een kamerplant die ik achter de garage heb gezet,' zei mijn vriendin. 'Geen water meer geven, dan gaat-ie vanzelf dood.'

De vreugde van een kind

Ergens op mijn buik, diep verscholen onder mijn kleding, zit een grote rode knop met daarop de S van Schuldgevoel. Hoewel ik 'm goed probeer te verbergen, weten mijn kinderen hem feilloos te vinden. Want ja, ik ben een werkende moeder, met alle ellende van dien. Soms vind ik het zo vermoeiend om mijn gezin met mijn werk te combineren, dat ik 's ochtends weleens wakker word en denk: ik kap ermee. Ik begrijp dan ook donders goed waarom steeds meer jonge moeders (tijdelijk) stoppen met werken. Vóórdat ik drie dagen naar een scenarioseminar in Londen kan gaan, moet ik eerst een compleet spoorboekje opstellen rond de aankomst- en vertrektijden van Emma en Alec, waarbij Richards revalidatieschema's, trainingsuren en fitnessprogramma's naadloos moeten worden aangesloten op de beschikbaarheid (en de welwillendheid) van de oma's en de oppassen. Er hoeft echter maar één korreltje zand op te waaien en het hele radarwerk loopt vast.

Mijn dochter Emma had laatst drie volle weken meivakantie. Dat draaide uit op een logistieke goochelshow waar de honden geen brood van lustten. Terwijl ik eindeloos in de regen liep te Eftelingen, hoorde ik in mijn achterhoofd voortdurend het nerveuze 'tik-tak-tik-tak' van al het uitgestelde werk dat op me lag te wachten. En toen, op een tergend lange dag in Kabouter Wonderland, passeerde ik opeens een houten bord met daarop de lumineuze tekst: WIE DE VREUGDE VAN EEN KIND NIET ZIET, DIE ZIET HET ALLERMOOISTE NIET. Eerst dacht ik nog: ja-ja-ja, maar in de auto terug naar huis begon ik toch te twijfelen. Aan mezelf en aan mijn werk. Want wat wil ik nou eigenlijk? Hoe zinnig is het om een boek te schrijven óver mijn kinderen terwijl ik ook meer tijd zou kunnen doorbrengen met mijn kinderen? Maar behalve dat schrijven mijn beroep is, vind ik het ook bijzonderlijk leuk en bevredigend. Is dat verkeerd? Is het verkeerd om als moeder ook nog andere werkzaamheden te willen? Moederzijn is tenslotte op zichzelf al een fulltimebaan.

Zo ga ik vol liefde met ze fietsen en varen en kleien en knutselen en tenten bouwen en tekenen en broodjes bakken en boodschappen doen – máár: mama heeft ook tijd voor zichzelf nodig. Tijd waarin ik economisch zelfstandig kan zijn; tijd waarin ik de Daphne kan zijn die ik ook nog ben. Maar toen kwam Emma op een middag verdrietig thuis en zei dat zij als enige kindje niet buiten had mogen spelen van de juf omdat ze geen jas bij zich had. Ik vertelde haar dat mama dacht dat het mooi weer zou gaan worden, en dat mama niet had kunnen weten dat het zou gaan motregenen. 'Waren er dan geen andere kindjes die óók geen jas hadden meegekregen?' vroeg ik ten slotte. 'Wel,' zei Emma met 'n zacht stemmetje, 'maar die andere mama's waren tussen de middag een jas komen brengen. En ik stond ook achter het raam, maar jij kwam niet...' Au – daar had Emma genadeloos mijn rode knop gevonden. 'Mama moest werken' klonk opeens zo nikserig en zo hol. En terwijl ik nog helemaal in de knoop zat met mezelf, zei Emma opgewekt: 'Nu mag ik zeker wel twéé koekjes hè?'

Mama is op vakantie

Jongens, hebben jullie je al ingesmeerd? Nee zeker.
Waarom moet ik altijd degene zijn die daaraan denkt?
Ja, ik weet dat papa zich bijna nooit insmeert. Dat moet
papa weten, maar ik vind dat gevaarlijk. Ja-haa, moeders vinden alles gevaarlijk. Dat staat zo in onze cao.
Hebben jullie al gegeten? Pannenkoeken zijn geen
ontbijt. Moet er nog iemand naar de wc? Op het strand
is het toilet ver lopen, hoor. Lieffie, waarom heb je dat
luchtbed nu al opgeblazen? Zo past-ie toch niet in de
tas. Neem je die muggenroller mee? Kom, we gaan.
Nee schat, je pop kan niet mee. Oké, haal 'm dan maar.
Maar als je 'm kwijtraakt, moet je niet bij mij komen
huilen. Emma, blijf op je eigen helft. Laat dat raam
nou dicht, anders doet de airco in de auto het niet. Zegt
jouw juf dat airco slecht is voor het milieu? Nou dat
weer. Nee, het is niet meer ver. Vergeet je petje niet mee
te nemen uit de auto. Kijk uit, dat zand is heet! Ik zei
toch: dat zand is heet. Blus je voeten maar in de zee.
Niet met vreemde mensen meegaan, hè. Ook niet als
ze ijsjes hebben. Nee, zelfs niet als het chocolade-ijsjes

zijn. Heb je je waterschoentjes meegenomen? Waarom kijk je nou naar mij? Ben ik soms Chef Inpak? Zo, ga nu maar lekker spelen. Ja, het is warm. Dat heb je wel vaker in Spanje. Heb je je petje in de auto laten liggen? Mama gaat 'm wel even halen. Hallo, we zijn er net, zullen we even wachten met een bakje friet? Van cola krijg je alleen maar meer dorst. Moet je nu al plassen? Papa, loop jij even met haar naar de wc. Niet waar, jij hoeft dat helemaal niet altijd te doen, meestal ga ik hoor. Ach, ik ga zelf wel. Alec, blijf van Emma af. Niet rennen langs die meneer z'n handdoek, dan krijgt hij overal zand. Jeetje, wat een grote muggenbult is dat. Heb je die roller bij je? Dat is nou jammer. O jee, de jurk van de pop is in de struiken gewaaid. Mama pakt 'm wel even. Au, dat zijn scherpe takjes, zeg. Aha, daarom moest ik natuurlijk dat jurkje pakken. Laten we even wat gaan eten. Ik stel voor dat jullie eens wat anders nemen dan kip met appelmoes. Nee schatje, mama heeft geen vis voor je besteld. Dat is waterkip. Kom, we gaan terug naar het hotel. Effe dimmen achterin, we hebben het allemaal warm. Nee, airco is slecht voor het milieu. Jongens, niet rennen op die natte tegels rond het zwembad! Oei, die ging hard op zijn plaat. Hebben we nog pleisters? Hoe bedoel je, dit zijn jongenspleisters? Deze heb ik bij me. Die met de hartjes liggen op de kamer. Lieve schat, die bakjes chips uit de minibar zijn

29

vijf euro. Maar ik heb nog wel een boterham voor je. Nee, die is niet klef geworden. Nou ja, een beetje dan. De zon schijnt, zet die tv nou eens uit. Ja-haa, ik weet dat je op vakantie mag doen wat je leuk vindt. Dat kan ik me nog heel goed herinneren. Van vroeger.

Hormonenkermis

Wanneer je denkt dat je verliefd bent, ben je eigenlijk verslaafd aan dopamine, norepinefrine en fenylethylamine. Dat zijn de drie verliefdheidshormonen die je lichaam koortsachtig rondpompt met maar één doel: seks. Niks romantiek, eeuwige liefde of zielsverwanten. Gepaard moet er worden, en wel nú. Wat wij onder liefde verstaan, is in werkelijkheid een explosief mengsel van chemie en psychologie, biologie en evolutie. Een vriendin van mij gaat momenteel gebukt onder een hevige dosis liefdesverdriet omdat haar vriend het na zes gelukzalige maanden tamelijk onverwacht heeft uitgemaakt. Ik herinner me helaas maar al te goed hoe dat voelt; alsof je ontploft vanbinnen. Wanneer iemand jouw liefde niet (langer) beantwoordt, moet je letterlijk en figuurlijk afkicken. Je wilt hem het liefst achterna rennen. Opbellen, sms'en, aanraken, overhalen! Dat is de poëzie. Maar er is ook nog de biologie. En die zegt dat liefdesverdriet simpelweg wordt veroorzaakt door het ongewenste terugschroeven van de verhoogde concentraties dopamine, norepinefrine en fenylethylamine in je systeem.

En dat voel je. Je lichaam mist haar dagelijkse shot en reageert met hevige emoties, trillerige handen en slapeloze nachten. Eerlijk gezegd vind ik het helemaal niet aantrekkelijk om verliefdheid te zien voor wat het werkelijk is: een kortsluiting in de hersenen. Mijn passie is toch zeker wel iets méér dan een tijdelijke neurose? Helaas niet. Neem het fenomeen 'liefde op het eerste gezicht'. Dat voelt alsof de bliksem bij je inslaat. Je kijkt iemand in de ogen en je voelt je meteen thuis; alsof je die persoon altijd al hebt gekend. En ergens klopt dat ook, want zonder dat jij je daarvan bewust bent, herkent jouw lichaam zijn geur. Met name vrouwen bezitten een zeer geavanceerd reukvermogen dat er als een drugshond op is gericht om de juiste match te vinden. Soms hoor je mensen weleens zeggen dat ze een bepaalde 'chemie' met iemand hebben, en eigenlijk is dat precies het goede woord. Mannen en vrouwen scheiden onbewust feromonen uit: verleidingshormonen die informatie afgeven over de beschikbare hoeveelheid testosteron en oestrogeen. Vrouwen voelen zich instinctief aangetrokken tot mannen met een heel ander immuunsysteem dan zijzelf, omdat dit genetisch gezien de beste combinaties oplevert.

Feromonen wijzen je daarbij geraffineerd de weg; je merkt er helemaal niets van dat je wordt gestuurd. Je vindt iemand gewoon waanzinnig opwindend, en het lijkt wel alsof je met onzichtbare draadjes naar hem toe wordt getrokken. Dit is precies zoals ik het zelf heb ervaren. Er is een man geweest waar ik zo verliefd op was, dat zijn huid een onweerstaanbare aantrekkingskracht op mij had. Ik vond het heerlijk om aan hem te ruiken en in zijn hals te snuffelen. Het feit dat ik hem 'wel op kon eten' vond ik destijds het toppunt van romantiek, maar nu besef ik dat ik niet alleen werd verleid door zijn stoute ogen maar hoogstwaarschijnlijk ook (of misschien wel vooral) door zijn feromonen. Achteraf gezien paste hij namelijk helemaal bij mij, maar Moeder Natuur is niet bijster geïnteresseerd in langlopende contracten. Haar bedwelmende cocktail van dopamine, norepinefrine en fenylethylamine blijft drie jaar in werking, en daarna valt het chemische fabriekje stil. Dan staat de zaak op de rit, is de borstvoeding voorbij, kan het kindje lopen – en zijn zowel vader als moeder biologisch gezien klaar voor de volgende beneveling.

Maar dan blijkt een mens toch méér te zijn dan een drugshond die hijgend op zoek gaat naar een nieuwe koffer om in te duiken. Wij wíllen graag trouw zijn, al druist dat volkomen tegen onze dierlijke afkomst in. Onder invloed van verliefdheidshormonen wordt je blik behoorlijk vertroebeld. Zodra de dopamine is uitgewerkt, blijkt de geliefde vlinder niet zelden een dood-gewone rups. Gelukkig heeft je lichaam nog een paar andere hormonale slimmigheidjes achter de hand. Met de aanmaak van extra endorfines, die zorgen voor gevoelens van ontspanning en veiligheid, en een flinke dosis oxytocine, wat verantwoordelijk is voor verbon-denheid en hechting, kan de roze-brilverliefdheid in veel gevallen uitgroeien tot een volwassen liefde. He-laas is deze hele hormonenkermis geen foutloze on-derneming. Soms word je gewoon keihard gedumpt; feromonen of niet. Maar terwijl je hart nog in duizend stukjes ligt, ruikt je immuunsysteem al nieuwe kansen. Of, zoals een wijze keukentegel het zegt: je komt over de één onder de ander.

Vastklampen

Vandaag is de verjaardag van Boeddha. Deze dag zet niet alleen zijn geboorte in het zonnetje maar ook zijn verlichting en zijn dood. Hoewel ik mezelf geen fulltime boeddhist zou willen noemen, heb ik toch ongemerkt in bijna iedere kamer van mijn huis één of meerdere boeddha's verzameld. De grootste staat in de tuin; een prachtexemplaar van lavasteen uit Thailand. Het is overigens een fabeltje dat je een boeddhabeeld niet voor jezelf zou mogen kopen. Natuurlijk mag dat wel. Voor mij stralen de beelden rust en evenwicht uit, en dat heb ik graag om me heen. Op de verjaardag van Boeddha zijn er wereldwijd allerlei festiviteiten: in tempels en kloosters worden de beelden met veel eerbied gewassen, iets wat ik bij mij thuis samen met Emma en Alec ga doen. (Gelukkig zijn ze inmiddels oud genoeg om te beseffen dat 'wassen met eerbied' niet hetzelfde is als de hogedrukspuit op de lavasteen zetten.) Veel boeddhisten kleden zich vandaag in het wit en leggen bloemen bij de beelden.

In Azië worden lantaarns ontstoken, er zijn sierlijke

parades met dansers en muzikanten, en de tempels serveren vegetarische maaltijden met zoete rijstmelk. Het is juist dit warme, aardse gevoel dat me zo aanspreekt in het boeddhisme. Én het feit dat je wordt aangespoord om zelf je weg te zoeken. Je hoeft niks te geloven of klakkeloos aan te nemen, maar wordt door de vier waarheden van Boeddha geïnspireerd om het zelf te ervaren, te onderzoeken en te doorgronden, om zo uiteindelijk je eigen verlichting te vinden. Die vier waarheden gaan als volgt: 1 – het leven is vol lijden, 2 – dat lijden ontstaat door vastklampen, 3 – lijden verdwijnt door los te laten en 4 – het loslaten kun je oefenen middels het achtvoudige pad. Deze acht handvaten (zoals bijvoorbeeld het juiste zeggen en het goede doen) mag je de rest van je leven proberen onder de knie te krijgen. Het boeddhisme is uiteraard veel omvangrijker dan deze korte samenvatting, maar dit is wat ik eruit heb gehaald.

Hier kan ik ook wat mee in mijn dagelijks leven, want loslaten – is dat niet precies waar moeders zoveel moeite mee hebben? Ik in ieder geval wel. Morgen is het alweer Moederdag. En hoewel Emma en Alec ongetwijfeld hun best zullen doen om mama te verwennen door elkaar eens niet te lijf te gaan, heb ik stiekem toch een beetje heimwee naar de cadeautjes die ik van ze kreeg toen ze nog kleuters waren. Zoals een leeg wc-rolletje met watten ('schaap') of een plank met co-ladoppen ('auto'). Want ze groeien zo snel. En het gaat zo hard. Wat heb ik destijds gemopperd over de spuit-luiers en het projectielbraken. Maar toen ik was wel 'de lievste moeder van de heele weerolt'. Tegenwoordig instrueert mijn dochter me streng dat ik 'alsjeblieft een beetje normáál moet doen' als haar vriendinnen er zijn. Maar ondanks al die stoere puberpraat wil ze gelukkig nog steeds dat ik 's avonds even bij haar kom liggen om te knuffelen en te kletsen. Ik ben blij dat we dat voorlopig nog hebben. Is dat vastklampen? Voor mij niet. Eerder een weldaad van intimiteit. Een zucht van verlichting – zou dat ook boeddhistisch zijn?

Zeiken

Onlangs werd bekend dat lantaarnpalen vroegtijdig moeten worden vervangen, omdat mannen en honden er almaar tegenaan pissen waardoor ze eroderen. Van honden snap ik het nog wel. Die beesten zijn in de simpele veronderstelling dat ze hun territorium moeten afbakenen. Maar waarom mannen de openbare ruimte steeds verwarren met een openbaar toilet? Geen idee. Misschien gaan ze onbewust de strijd aan met een grotere paal. Wat het ook is – voor vrouwen zijn de sanitaire gewoontes van mannen een bron van ergernis. En van bacteriën. Op het kinderdagverblijf proberen ze het er al in te rammen: 'Na het plassen handjes wassen.' Maar of de heren dat ook doen? Ik vrees van niet. Denk daar maar eens aan, wanneer een man ongevraagd zijn handen in jouw chipszakje steekt. Toen ik dit laatst met wat vrouwen besprak, kwamen er spontaan nog meer ergernissen boven. Vriendjes die zó luidruchtig chips eten dat je de film niet meer kunt verstaan. Mannen die rechtop in slaap vallen tijdens een Goed Gesprek (hallo, Richard!). Echtgenoten die broodkruimels achterlaten in de boter, de messen altijd verkeerd in de afwasmachine zetten of domweg irritant ademhalen.

Terwijl we daar zo stonden te bitchen, realiseerde ik me opeens dat je dénkt dat relaties ten onder gaan aan grote problemen zoals ontrouw en drugsverslaving. Maar het zijn juist de kleine ergernissen die partners gillend gek maken. En wonderlijk genoeg ga je je juist aan díé dingen ergeren die je in het begin zo charmant vond. 'Hij heeft altijd leuke verhalen' wordt na een aantal jaren: 'Hij houdt nooit zijn mond.' 'Hij heeft van die spontane invallen' wordt: 'Hij denkt niet na voordat ie wat doet.' En het opgewonden: 'Hij belt me de hele dag' blijft: 'Hij belt me de hele dag' – maar dan met een vermoeide zucht. Al die kleine irritaties zijn als druppels op een steen. Iedere druppel afzonderlijk is eigenlijk te onbeduidend om je over op te winden. Want laten we eerlijk zijn: hoe erg is het nu écht dat hij te veel ritselt met de krant? Maar na jaren van drup-drup-drup komen er toch scheurtjes. Zelfs de Grand Canyon is door waterslijtage ontstaan; als er maar genoeg tijd overheen gaat, kan een klein beetje wrijving een enorme kloof veroorzaken.

Zo gaat ook in relaties de vonk uit. Niet door grote drama's, maar door kleine verzuringen die vreten aan de basis. En reken maar dat mannen zich ook ergeren.

Zo vinden ze het vreselijk als vrouwen zeuren, mokken of überkritisch zijn. Of urenlang nodig hebben om zich klaar te maken voor een feestje. Maar ja, ook hier is een voor en na patroon te herkennen: 'Ze ziet er altijd zo leuk uit' wordt dan: 'Sjezus, ze staat zo lang voor de spiegel.' Maar waar je je aan ergert, zegt vaak meer over jou dan over je partner. Het is meestal je eigen stress of vermoeidheid waardoor je die snuivende ademhaling of die krakende nootjes er nét niet meer bij kunt hebben. Dan helpt het om te bedenken dat je zelf ook de nodige hinderlijke gewoontes hebt. Een beetje geduld met elkaars eigenaardigheden doet wonderen. Eigenlijk is het net als met die lantaarnpalen: niet zeiken, dan blijft het lichtje langer branden.

Oude bomen

Toen ik nog een tiener was, zat ik eens samen met mijn vader in de auto terwijl we door zijn geboortedorp reden. We passeerden een rij oude eiken, en mijn vader verzuchtte: 'Goh, ik weet nog dat die bomen geplant werden, en nu zijn ze al zo groot...' Daarna was het een tijdje stil in de auto, en dat vond ik allang best. Ik had het veel te druk met mijn nieuwe walkman met cassettebandjes om lang stil te staan bij de fascinatie van oude mensen voor oude dingen. Maar inmiddels ben ik ongeveer even oud als mijn vader destijds was, en zo antiek blijkt dat helemaal niet te zijn. Tenminste, dat vind ik. Grappig hoe je perspectief verandert zodra je eenmaal zelf veertig bent. Inmiddels begrijp ik veel beter wat mijn vader bedoelde. Het is een confronterende ervaring om je leeftijd gevisualiseerd te zien in een rij knoestige eiken die je als klein kereltje geplant hebt zien worden. Tegenwoordig kan ik me goed voorstellen dat je daar een tikje melancholiek van wordt, maar als dertienjarige ging dat compleet langs me heen. Mijn verkering had namelijk een cassettebandje voor me opgenomen (in die tijd het toppunt van romantiek) en ik zat lekker te luisteren naar '1999' van Prince.

Dat liedje gaat over de millenniumwisseling, en dat je elke avond moet feesten alsof het einde van de wereld voor de deur staat: *because life is like a party and parties aren't meant to last.* Dat deze hit van Prince en de nostalgische gevoelens van mijn vader min of meer over hetzelfde thema gingen, kwam uiteraard niet in me op. Het jaar 1999 klonk zó ver weg dat het wel sciencefiction leek. Inmiddels is de millenniumwisseling alweer tien jaar geleden. De tijd raast maar door, en nergens kun je dat beter aan afmeten dan aan de ontwikkeling van je kinderen. Toen Emma en Alec werden geboren, hebben Richard en ik twee bomen in onze tuin geplant: een appel voor Emma en een sierappel voor Alec. Kort na Alecs eerste verjaardag moest hij in het ziekenhuis worden opgenomen met de zeldzame ziekte van Kawasaki. In die stressvolle dagen projecteerde ik veel van mijn angsten op het dunne stammetje in onze tuin, dat dapper standhield in de harde wind en de zwiepende regen. Toen het kleine boompje voor het eerst een prachtige bloesem liet zien, associeerde ik dat heel sterk met de gezondheid van Alec, die gelukkig geen blijvende schade aan Kawasaki had overgehouden.

De bomen van de kinderen zijn van kleine twijgjes uitgegroeid tot stevige stammen, en ik betrap mezelf

erop dat ik geregeld denk: 'Goh, ik kan me nog herinneren dat ze geplant werden.' Het leven gaat niet alleen
razendsnel, maar lijkt soms zelfs één grote déjà vu;
zeker nu Emma naar de middelbare school gaat. Mijn
moeder werkte vroeger tot middernacht bij een doof-
blindeninstituut, maar toch stond ze iedere ochtend
om halfzeven op om lunchpakketjes te maken voor
mij en mijn broer. Nog slaapdronken, in haar badjas
en met warrig haar schuifelde ze dan door de keuken,
hoofdschuddend gadegeslagen door twee nuffige tieners. Vorige week was Emma gevallen met haar fiets
waardoor ze te laat op school kwam, en prompt moest
ze de volgende dag voor straf een halfuur eerder komen. Dus daar stond ik, om halfzeven 's ochtends
– slaapdronken, in mijn badjas en met warrig haar –
een lunchpakketje te smeren. 'Wat zie je eruit, mam,'
lachte Emma. Ik moest meteen aan mijn eigen moeder
denken, en werd overvallen door een gevoel van uitgestelde schaamte. Wat moet dat zwaar voor mijn moeder zijn geweest, al die jaren. Op de middelbare school
leer je om dingen te weten. Maar leren om dingen te
begrijpen – dat zul je zelf moeten doen. Toen ik laatst
mijn dochter moest overhoren voor haar eerste biolo-
gieproefwerk, bleek het te gaan over fotosynthese en
celkernen en vacuole; exact dezelfde onderwerpen als
ik zelf in de brugklas had geleerd. Was dat echt alweer

meer dan 25 jaar geleden? Ik probeerde Emma uit te leggen wat voor gevoelens die lesstof bij mij opriep, maar toen ik haar zag zitten met de dopjes van haar iPod in haar oren, besefte ik dat dit soort gemijmer helemaal niet aan kinderen is besteed. En dat is maar goed ook. Want uiteindelijk komen ze er vanzelf achter. Net als ik.

Ontwarren

Toen ik nog op de lagere school zat, had ik geregeld bonje met mijn moeder omdat zij met een ijzeren borstel (en een ijzeren discipline) mijn dikke, weerbarstige haar onder controle probeerde te krijgen. Ik had niet zelden klitten in de nekpartij van mijn krullerige haar, en ontwarren na het douchen was een regelrechte crime. Maar op een dag kwam Marion, een studente die op ons op kamers woonde, met iets nieuws uit de supermarkt: crèmespoeling. Mijn moeder bekeek de flacon eerst met de nodige argwaan ('Allemaal reclameonzin!') maar ik vond het vanaf dag één een wondermiddel. De introductie van de conditioner scheelde niet alleen een heleboel tranen, het was ook het begin van mijn levenslange liefdesaffaire met haarproducten. Van een vriendin die bij een internationaal beautyconcern werkt, weet ik dat Nederlanders opvallend sceptisch zijn over claims die fabrikanten maken. Maar feit is dat er in de haarindustrie al decennialang serieus onderzoek wordt gedaan naar de optimale shampoos, conditioners, kleurspoelingen en föhnlotions.

Toen ik het tv-programma *De Naakte Waarheid* presenteerde, was ik behoorlijk verbaasd om te ervaren hoe weinig de geportretteerde vrouwen met hun haar deden. Maar eigenlijk zie je in alle make-overprogramma's hetzelfde: vrouwen laten hun haar maar wat hangen of dragen het al jaren in zo'n fantasieloze klem. En dat terwijl je haar niet zomaar een accessoire is; je kapsel is letterlijk en figuurlijk gezichtsbepalend. Het is dan ook belangrijk om je look om de zoveel jaar eens flink te updaten. Je hoeft echt geen Rihanna te zijn die iedere maand met een geheel andere coupe naar buiten komt, maar krampachtig vasthouden aan het kapsel uit je studententijd laat je niet bepaald jonger lijken. Je gezichtsvorm, je kaaklijn, je huidtoon – het kan allemaal veranderen, en het heeft allemaal invloed op de kleur of snit die je zou moeten kiezen. Ik heb bijvoorbeeld met het ouder worden een wat smaller bekkie gekregen, en met steil haar dat op kinhoogte wat laagjes heeft, lijkt mijn gezicht wat breder. Het blonder-dan-blond heb ik inmiddels ook achter me gelaten; een paar frisse *highlights* gecombineerd met wat warme *lowlights* geeft een veel verzorgder resultaat.

Ik begrijp ook weinig van de oer-Hollandse gewoonte om je haar na je dertigste terug te knippen naar zo'n korte, verstandige moedercoupe. Als je mooi haar hebt, houd het dan gewoon lang of halflang. En laat je door je kapper adviseren hoe je het goed kunt föhnen, want met lekker vallend haar kun je veel verbloemen. Voordat je zelfs maar aan botox gaat dénken, zou je eerst eens kunnen proberen om een pony te laten knippen. Wanneer je je wenkbrauwharen professioneel laat *shapen*, bespaar je op een ooglift en door je kapsel hernieuwd rond je kaak- en halslijn te stylen, kun je ook daar het nodige verdoezelen. Het heeft even geduurd, maar ik heb mijn weerbarstige haar uiteindelijk onder controle gekregen. Maar toen kwam Emma. Ik weet niet wat ik onhandelbaarder vind: Emma's dwarse, klitgrage krullen of haar muiterij wanneer ik haar vogelnest 's ochtends probeer te ontwarren. Tja. Hoezeer ze de conditioners, haarmaskers en borstels ook vernieuwen – de strijd tussen moeder en dochter zal waarschijnlijk altijd hetzelfde blijven.

Kerstwens

Mijn vader heeft een delier. Ik had er nog nooit van gehoord, maar inmiddels weet ik er meer van dan me lief is. Eén dag na mijn vaders openhartoperatie reed ik met een beterschapskaart van de kinderen ('Opa gaat hart vooruit!') en een hartvormige ballon naar het ziekenhuis in Maastricht.

In de auto hoorde ik dat prachtige liedje van Sting op de radio: 'How fragile we are', en dat emotioneerde me enorm. Mijn vader houdt niet van ziekenhuizen. Niet van onderzoeken, niet van prikken, niet van tien keer dezelfde vragen. Maar hij houdt vooral niet van het overgeleverd zijn aan de 'witte jassen'. De avond voor zijn operatie had ik hem nog aan de telefoon, en hij vertelde dat hij erg opzag tegen de ingreep: vijf uur onder narcose, een driedubbele bypass én een nieuwe hartklep? 'Maar ja,' zei hij, terwijl hij monter probeerde te klinken, 'er zijn twee opties: óf ik word wakker, en dan is alles gelukt; óf ik word niet wakker, en dan is alles voorbij.' We kenden allebei de derde optie niet. Want mijn vader is wakker geworden.

En de operatie is goed gelukt. Maar meer dan twee weken later is hij nog steeds volkomen in de war. Toen ik met mijn ballonnetje aankwam in het ziekenhuis, zat hij rechtop in een speciale stoel. 'Hey, ouwe taaie!' lachte ik, 'je bent toch maar mooi wakker geworden, hè?' Daar reageerde mijn vader nauwelijks op, en mijn moeder zei dat het leek alsof hij er niet helemaal bij was. Profetische woorden. In het ziekenhuis is het ons allemaal keurig uitgelegd: meneer Deckers heeft een delier; een plotseling optredende, ernstige verwardheid. Eén op de drie zeventigplussers blijkt na een operatie de draad kwijt te raken. Mijn vader is 71. Vóór de operatie was hij mentaal volkomen in orde; hij las veel, spelde het nieuws, was altijd overal van op de hoogte. En nu ligt hij daar, al meer dan twee weken, en weet niet meer wat voor en achter is. Hij herkent ons nog wel, maar hij begrijpt totaal niet waar hij is. Hij heeft hallucinaties, is bang en onrustig, en denkt soms dat hij in China is. 'Dit zien we helaas vaker bij oude mensen die uit narcose komen,' zei de begripvolle dokter. Ik dacht: oude mensen? Verrek, ja, papa is oud. Het klinkt raar, maar zoiets komt toch als een verrassing. Ik vind één op de drie zeventigplussers overigens shockerend veel; zeker als je de gevolgen van zo'n langdurig delier gaat googelen. Niet dat dit altijd even makkelijk is. Toen ik 'schade na delier' intypte, kreeg ik pagina's vol autoschadebedrijven in De Lier. Maar er is genoeg serieuze informatie te vinden, en die stemt niet altijd hoopvol. 's Nachts lig ik te piekeren over mijn papa, die inmiddels ligt vastgebonden in zijn ziekenhuisbed, en dan moet ik er zó om huilen. Het idee dat hij 'verdwaald' en in paniek is, vind ik echt onverdraaglijk. Ik heb dan ook maar één kerstwens: dat een engel mijn papa bij de hand neemt, en hem door de wirwar in zijn hoofd de weg wijst naar de uitgang. Daar staan wij allemaal op hem te wachten.

Moederskindje

Er lijkt een nieuw soort man te zijn opgestaan: het moederskindje. Moederskindjes bestonden natuurlijk al, maar de laatste tijd hebben zij nieuwe vormen aangenomen. Die van popster, bijvoorbeeld. Ik vind het echt opvallend hoezeer sommige beroemde mannen met hun moeder dwepen. Begrijp me niet verkeerd: ik ben er helemaal vóór dat een jongen een warme band opbouwt met zijn mama. Het zijn immers de moeders (en de zussen) die opgroeiende jongens het besef bijbrengen dat vrouwen met respect behandeld dienen te worden. En ik begrijp natuurlijk maar al te goed waarom de zestienjarige popsensatie Justin Bieber zijn moeder overal mee naartoe neemt. Maar de veertigjarige P. Diddy? De succesvolle rapper en kledingontwerper staat bekend om zijn wilde feesten en zijn onvermogen om langdurige relaties aan te gaan. Gelukkig is er één vrouw die hij wel trouw kan zijn: zijn moeder Janice. Geen partij of ze is erbij, behangen met goud en diamanten.

Ook de zanger Usher en zijn moeder Jonnetta zijn

onafscheidelijk. Ze is niet alleen zijn manager, maar bedisselt ook welke vriendinnen door de ballotage komen. En als mams je niet ziet zitten, maak dan je borst maar nat. Maar niet alleen stoere rappers verafgoden hun mama; acteurs kunnen er ook wat van. Übermacho Gerard Butler neemt bij gebrek aan een vaste relatie geregeld zijn moeder mee naar de Oscars: 'She's my favorite girl!' Ook Tom Cruise is wonderlijk close met zijn moeder; ze woont zelfs bij hem in huis, en vergezelt hem op nagenoeg alle vakanties. Maar *Transformers*-acteur Shia LaBeouf spant de kroon. In een interview met de Amerikaanse *Playboy* noemde hij zijn moeder 'de meest sexy vrouw die ik ken'. Om daaraan toe te voegen: 'Als ik haar kon ontmoeten en met haar kon trouwen, dan deed ik dat.' Dat klinkt behoorlijk ongezond, maar het komt vaker voor dan je denkt. Andersom ook: er zijn legio vrouwen die het liefst zélf met hun zoon zouden willen trouwen. Het fenomeen moederskindje wordt dan ook niet zozeer veroorzaakt door het kindje, als wel door de moeder. Zij trekt achter de schermen aan de touwtjes, waarbij zoonlief wordt gemanipuleerd en emotioneel gechanteerd.

Door de recessie blijven mannen steeds langer in Hotel Mama wonen, waar zij op hun wenken worden bediend. Mama doet de was, mama doet de financiën, mama maakt het lunchtrommeltje klaar. Maar ook mannen die niet meer thuis wonen, kunnen behoorlijk onder de plak zitten bij hun moeder. Zeker wanneer vader reeds is overleden, en de zoon als een soort surrogaatechtgenoot wordt gezien. Ik heb een vriendin van wie de man de hele dag wordt gebeld door zijn moeder met allerlei wissewasjes. Ook staat mevrouw geregeld rond etenstijd op de stoep om vervolgens in de pannen te loeren en hoofdschuddend te oordelen dat 'Maarten zijn gehaktbrood op die manier niet lekker vindt'. En Maarten? Die haalt zijn schouders op. Klem tussen twee vrouwen doet hij wat mannen altijd doen wanneer ze het even niet weten: niks. En dit, zo heb ik eens gelezen, is de reden waarom puberjongens zo uit de band springen. Ze hebben alleen dat ene seizoen, waarin ze uit de greep zijn van hun moeder maar nog niet in de klauwen van een echtgenote zijn beland.

Praten met je pubby

Van de één op de andere dag is mijn dochter Emma
veranderd in een puber. Ze nam een vuilniszak mee
naar boven en daar gingen al haar schatten: de Winx-
poppen, de Bratz-dolls en de hele Barbie-collectie. De
jonge dochters van mijn vriendinnen zijn er blij mee,
maar ik eigenlijk niet zo. Want het lijkt wel een ophef-
fingsuitverkoop: Alles Moet Weg. Soms bekruipt mij
het gevoel dat Emma, de dochter zoals ik die tien jaar
heb gekend, zichzelf ook een beetje heeft opgeheven.
Ze is net elf geworden, en vroeg voor haar verjaardag
'een echt bed'. De knusse hoogslaper met de roze gordijnen waar ze jarenlang zo trots op was, deed nu opeens pijn aan haar ogen. Ook haar favoriete poster met
de slapende puppy werd genadeloos ingeruild voor
een halfnaakte Zac Efron van High School Musical. 'O
mama,' zwijmelde Emma, 'wat is-ie knap hè...' Omdat
ik het nogal ongepast vond om over het ontblote bo-
venlijfje van een tienerjongen te oordelen, hield ik het
neutraal door te zeggen dat Zac wel wat weg had van
een puppy met dat al haar in zijn gezicht en die trouwe

hondenblik. 'Aarghh,' rolde Emma met haar ogen, 'jij begrijpt ook niks!'

Daar heeft ze eigenlijk wel gelijk in want het is best verwarrend, zo'n dochter in de prepuberteit. Officieel heet een meisje pas 'in de puberteit' als ze begint met menstrueren, maar de voortekenen zijn er al veel eerder. Ze worden wat molliger en humeuriger, slapen langer uit en groeien uit hun kleren. Maar ze groeien ook uit jóú, want afzetten tegen de ouders, rebellie en een hang naar zelfstandigheid horen er allemaal bij. Nu is Emma nog steeds een lief meisje, maar af en toe zie ik al wat scheurtjes in het vernis. Dan kan ze stampvoeten om niks of word ik getrakteerd op het klassieke wat-weet-jij-daar-nou-van. En dus heb ik het boek van Annette Heffels maar eens gekocht: *Praten met je puber... betekent nadenken over jezelf.* Vooral dat laatste vond ik een openbaring, want inderdaad: mijn reactie op Emma's naderende puberteit zegt misschien wel meer over mij dan over haar. Ergens komt het me allemaal zo bekend voor.

De High School Musical van nu is de *Grease* van toen. De neon veters met de fluorescerende beenwarmers hadden wij ook al bij Doe Maar. U2 was in mijn tijd al 'ziek goed' en ken je *Fame* nog? Dat heet nu *Camp Rock*. Het enige wat écht is veranderd, is het koeterwaalse taalgebruik. Maar gelukkig heb je daar tegenwoordig heuse Prisma-woordenboekjes voor: de 'Drop je lyrics'-serie. Daar kun je als ouder je pubby mee ondertitelen als-ie weer eens zit te nuieren; een mix van niks doen en luieren. Iemand die stottert is aan het scratchen, een lelijk meisje is een multipla, een Post-it een irritante gast die aan je blijft plakken en met een kanaalzwemmer wordt de afstandsbediening bedoeld. Terwijl ik door het boekje bladerde, kwam ik ook het woord granma tegen: dat is een vrouw van dertig. 'Nou, lekker is dat,' zei ik tegen Emma, 'als je met dertig al een oma wordt genoemd, hoe moet ik dan wel niet heten?' Daar hoefde mijn dochter niet lang over na te denken: 'Een mummie.'

Winkelen is kunst

Uit een onderzoek is gebleken dat mannen het ver-
schrikkelijk vinden om met hun vrouw te moeten
shoppen. Ze vinden de winkelstraten te druk en tot
hun grote ergernis zit er totaal geen systeem in de ge-
volgde winkelroute. (Geen systeem? Echt wel. We be-
kijken alles met een etalage.) Maar het ergste vinden ze
het wachten: dat blijkt gemiddeld zo'n anderhalf uur
te zijn. Eerlijk gezegd begrijp ik niet waarom vrouwen
überhaupt hun man meenemen als ze gaan shoppen.
Laat die kerel toch lekker thuis bij de kinderen! Maar
nee hoor – als een onwillige ezel wordt hij over de
keien gesleept, en uiteindelijk vastgebonden aan een
paaltje buiten de Zara. Daar staat hij dan, met de buggy
en de boodschappen. Ik weet niet hoe het komt, maar
winkelende vrouwen kunnen behoorlijk lomp met hun
echtgenoot omgaan. Dan stallen ze hem alvast in de el-
lenlange kassarij, zodat ze zelf hun handen vrij hebben
om door de rekken te rauzen. Of hij wordt op zo'n roze
poefje naast het pashokje geparkeerd ('Zit!'). En daar
zit hij dan, het gedomesticeerde mannetjesdier, met de

staart tussen de benen en de handtas van het baasje op schoot.

Kom op dames, een man is hier niet voor gemaakt. Hij loopt liever de stormbaan dan de Lijnbaan, en dat begint al heel jong. Zo is mijn zoon Alec fan van het tv-programma *Wipeout*. Het is zijn grote droom om dat parcours eens te mogen doorlopen: kruipen, springen en slingeren door de modder – het lijkt hem fantastisch. Maar twee uurtjes met zijn moeder naar de stad voor nieuwe zomerkleren? Krijgt-ie 'moeie benen' van. Na één modewinkel zakt meneer al door zijn hoeven. 'Ja, pást,' roept hij bij alles wat ik uit het rek haal. En dus zitten we binnen een halfuurtje terug in de auto, waar Alec spontaan weer wat kleur op zijn wangen krijgt. Maar het zou verkeerd zijn om uit dit alles te concluderen dat mannen niet van shoppen houden. Nou en of ze graag winkelen – maar alleen voor dingen die hen interesseren. Een man kan bijvoorbeeld uren door een bouwmarkt dwalen. Hij kan ook eindeloos lanterfanten bij de telefoonwinkel (De z555i? Of de w890i? Of toch maar de x1? Nee, de c702!) of hele dagen zoekbrengen op de Stripbeurs in Breda.

Dit valt ook allemaal onder winkelen, alleen mannen noemen het anders. Een man die een zeldzame *Robbedoes*-strip uit 1963 weet te scoren, heet een verzamelaar. Maar een vrouw die een vintage Chanel-jasje op de kop tikt? Koopziek. Als een man heel internet afspeurt voor de juiste lens bij zijn fotocamera, noemt hij dat research. Maar als ík de modesites naloop voor de juiste schoenen bij mijn jurkje, ben ik een *shopaholic*. Kleine jongetjes en volwassen mannen die op een voetbalplaatjesruilbeurs over elkaar heen buitelen voor de laatste nummers? Die hebben een hobby. Vrouwen die bij H&M over elkaar heen buitelen voor de collectie van Victor&Rolf? Die zijn gestoord. Maar ho eens even – Victor&Rolf, dat is kunst. Dus feitelijk winkel ik niet, ik verzamel kunst. Als je shopt, ben je de kunstenaar van je eigen kast. Je speelt met kleuren, tekent een palet! En je man mag ook meekrabbelen. Liefst op de kassabon.

Honderd dingen waar ik van houd

100. Lekker binnen zitten als het regent. 99. Een spinnende poes op schoot. 98. Hagelslag. 97. Warme croissantjes. 96. Lentezon. 95. Teruggave van de Belastingdienst. 94. Een groen verkeerslicht. 93. Kindjes die niet overgeven in de auto. 92. De tip dat een opengeknipt pak koffie de geur van braaksel uit je auto haalt. 91. Krabsticks. 90. 'Dochters' van Marco Borsato. 89. Shoppen op internet. 88. Tegen Richard zeggen dat ik dat jurkje al heel lang had. 87. Dat Richard mij ook nog gelooft. 86. Hamka's. 85. Couscous. 84. Skiën. 83. *Bratwurst mit pommes* na het skiën. 82. New York. 81. Slaappillen voor het vliegtuig. 80. Bokstraining. 79. De sterrenhemel. 78. Warme melk met anijs. 77. Nooit meer wiskunde. 76. Negerzoenen. 75. Ze gewoon negerzoenen blijven noemen. 74. Hyves. 73. Pashokjes zonder celluliteslicht. 72. Een parkeerplaats vinden. 71. Een parkeerplaats vinden in Amsterdam. 70. Hummus. 69. Ons plekje in Spanje. 68. Prima geboortejaar. 67. Stoute sms'jes.

66. Mooie schouders bij mannen. 65. En haar op de

juiste plekken, dus geen rug, wel hoofd. 64. Warme va-
nillepudding. 63. Kip van mijn moeder. 62. Puppy's.
61. Een uitverkoopje in mijn maat. 60. Paraplu bij je als
het regent. 59. Bossche bollen. 58. Mangochutney. 57.
Zara. 56. Spraytan. 55. Recyclen. 54. Stiekem toch iedere keer een plastic tasje nemen bij Albert Heijn. 53.
Fietsen in de zon. 52. Weten hoe je een band plakt. 51.
Kaas op een stokje van de benzinepomp. 50. De per-
fecte postkaart voor iemand vinden. 49. Beschuit met
kaas. 48. Plassen als je héél nodig moet. 47. Boekjes
lezen op de wc. 46. French manicure. 45. Thuis kaars-
jes aan. 44. *California rolls*. 43. De geur van nieuwe
boeken. 42. Daniel Craig als James Bond. 41. Zelfgemaakte guacamole met tortillachips. 40. Sexy leeftijd.
39. Richard die als verrassing mijn auto tankt. 38. En
ook nog even door de wasstraat haalt. 37. Het sportlijf
van Rafael Nadal. 36. Zuinig zijn met energie. 35. Maar
toch lekker überlang douchen. 34. Het presenteren
van *Holland's Next Top Model*.

33. Op het goede moment onhandig zijn met cham-
pagneglazen. 32. Pennywafels. 31. Kijken naar de
branding. 30. Het geduld van mijn streetdancelerares.
29. Zalm sashimi. 28. Jasmijnthee. 27. Bowlen. 26.
Geen verstandige schoenen dragen. 25. Het ongeloof-
lijke idee dat ik bijna één miljoen boeken heb verkocht.
24. Frietje pindasaus. 23. Met de kinderen schaatsen

op natuurijs. 22. Clive Owen. 21. Een warm bad. 20. Chocolade. 19. Clive Owen in een bad van warme chocolade. 18. Uitslapen. 17. Seks. 16. Seks na het uitslapen. 15. Of andersom. 14. Eindelijk biceps van het trainen. 13. Zonvakanties. 12. Massages. 11. Nog meer massages. 10. Mijn lieve vriendinnen – jullie weten wel waarom. 9. Nog steeds verliefd op Richard. 8. Grotemeidendingen doen met Emma. 7. Dat Alec nog met zijn mama wil knuffelen. 6. Dat mijn broer Clark is getrouwd met Hayat. 5. Mijn nieuwe Turkse familie in Istanbul. 4. Dat ik van de zomer voor het eerst tante wordt – van een tweeling. 3. Mijn ouders als opa en oma. 2. De wijsheid van Emma, de humor van Alec en de liefde van Richard. 1. Dat er zóveel is om van te houden, als je maar weet waar je moet kijken.

Geen handvol...

Er zijn weinig dingen die ik gezelliger vind dan het ge-
kwetter van een paar tieners aan mijn keukentafel. Is
het echt alweer een kwart eeuw geleden dat ik zelf op
de middelbare school zat? En dan te bedenken dat er
nauwelijks iets veranderd is.

Sommige leraren waren toen ook al zoooo streng,
onverwachte overhoringen zijn nog steeds zoooo on-
eerlijk, en een knappe jongen is nog altijd zooo'n hosselaar. Eh? Een wat? Een hosselaar. Aha. Er zijn dus
tóch dingen veranderd. In mijn tijd was een hosselaar
een heroïneverslaafde die geld probeerde te scoren
voor drugs, maar tegenwoordig is het een versierder.
Maar misschien begrijpen de tieners van nu (beter dan
ik vroeger) dat liefde ook een drug kan zijn, compleet
met afkickverschijnselen. En weet je wat ik me laatst
heb gerealiseerd? Dat ik het misschien wel zo gezellig vind om naar mijn dochter en haar vriendinnetjes
te luisteren, omdat ik die band destijds niet met mijn
eigen moeder had.

Ik weet nog dat ik een keer thuiskwam met een gebroken hart, en dat mijn moeder me een bemoedigend schouderklopje gaf, en zei: 'Ach, je moet maar zo denken: geen handvol, maar een land vol.' Achteraf gezien moet ik toegeven dat mijn moeder gelijk had, maar als puber kun je natuurlijk helemaal niks met zo'n keukentegel. Mijn verkering was in de fietsenstalling naar me toe gekomen en had me een briefje toegestopt: 'Hier, da's voor jou.' Opgetogen vouwde ik het open, en las: 'Het is uit.' Toen ik opkeek, was meneer al verdwenen. Twee hele pauzes heb ik hier met mijn vriendinnen over gediscussieerd. Want kón dat wel, een langdurige relatie van drie weken uitmaken met een lullig briefje? Nee, was onze conclusie, dat kon niet. Nou – tegenwoordig krijgen de jongeren allang geen briefjes meer, laat staan dat de dumper het zelf nog komt brengen. De meeste verkeringen (en incidenteel zelfs huwelijken) worden nu virtueel beëindigd via sms of Facebook. Hoe dat werkt? Heel simpel. Zodra je ziet dat je liefje zijn Facebook-status verandert naar 'single' word je geacht te weten hoe laat het is.

Ja, ik weet het, we leven in een nieuwe tijd met nieuwe manieren van communiceren. Ik doe er zelf ook volop aan mee. Maar in één ding ben ik old school gebleven: een relatie, zelfs al is het een tienerverkering van een paar dagen, maak je niet uit via een sms'je.

Wees een kerel, en kijk iemand aan. Als dumper ben je tekst én uitleg verschuldigd, want je geliefde heeft recht op meer dan 140 tekens. Ik las dat er op Amerikaanse campussen steeds meer gevallen van stalking voorkomen, juist omdat er zoveel via sms wordt gedumpt. Jongeren ontnemen elkaar daarmee de kans om een *break-up* goed af te ronden, waardoor ze blijven hangen in wrok en onbegrip. Met veel van de nieuwe media ben je 'samen alleen': je creëert razendsnel intimiteit, maar dat gevoel kan even rap worden afgebroken. Hoewel ik er dus het mijne van denk, probeer ik toch helemaal open te staan voor de belevingswereld van mijn dochter. Niemand zit tenslotte te wachten op goedbedoelde keukentegels. Maar stiekem heb ik er wel één: doe die telefoon uit, en zet je leven aan.

Noten en zaden

Een collega van mij bekende laatst (na iets te veel biertjes) dat hij zijn echtgenote 'een paar keer' had bedrogen tijdens buitenlandse reizen die hij voor zijn werk had gemaakt. Maar uiteindelijk zat 'm dat toch niet lekker. Zijn vrouw was zo lief; zij had dat vreemdgaan niet verdiend. Hij had dan ook besloten om meer tijd aan zijn gezin te gaan besteden door veel minder op reis te gaan. 'Dát zal je vrouw niet leuk hebben gevonden,' lachte ik. 'Hoezo niet?' vroeg mijn collega verbaasd. 'Nou...' antwoordde ik, 'je dacht toch zeker niet dat je brave echtgenote tijdens al jouw reizen thuis keurig jouw onderbroeken heeft staan strijken? Alsof zij niet óók haar vertier buiten de deur heeft gezocht!' Ik zat hem natuurlijk een beetje te stangen, want het blijft aandoenlijk hoe mannen het vreemdgaan voor zichzelf hebben geclaimd. 'N-nee hoor,' stamelde mijn collega, 'mijn vrouw zou zoiets nooit doen. Jij kent haar niet!' Arme jongen, dacht ik bij mezelf, jíj kent haar niet. Uit onderzoeken is namelijk al tig keer gebleken dat vrouwen tegenwoordig net zo vaak vreemdgaan als mannen.

Sinds (westerse) vrouwen economische zelfstandigheid hebben verworven, heeft de foute man zijn evenknie gevonden in de minstens net zo foute vrouw. Dat vrouwen meer aanleg zouden hebben voor monogamie of kuisheid is een veronderstelling die biologen in lachen doet uitbarsten. Het vrouwelijke zoogdier, van de chimpansee tot de leeuwin, is met afstand het meest loopse wezen van het dierenrijk. Waarom zou dat bij ons anders zijn? Mannen vergoeilijken hun avontuurtjes vaak met het clichéverhaal dat zij van oudsher 'nu eenmaal jagers zijn'. Ja, ja. Maar wat waren de vrouwen in de oertijd? Verzamelaars. En ze verzamelden heel graag verschillende soorten noten en zaden, als je begrijpt wat ik bedoel. Maar het wonderlijke is: mannen willen het niet echt geloven. Ze houden stug vast aan een soort alleenrecht op vreemdgaan. Nu er meer vrouwen dan mannen een universitaire bul halen, kleine jongetjes op school zittend moeten leren plassen en er zelfs al vrouwelijke autocoureurs zijn die hun mannelijke collega's eruit rijden, is losbandigheid voor sommige mannen misschien wel het laatste bastion van de mannelijkheid.

Da's dan pech voor ze, want ook op seksueel gebied hebben vrouwen een inhaalslag gemaakt. Niet dat dit altijd iets is om trots op te zijn. Ik heb een paar maanden geleden al eens een column geschreven over de opkomst van de luxe prostituette: schaamteloze jonge-dames met veel materiële wensen en weinig principi-ele bezwaren. 'Seks had ik toch al,' aldus de minderja-rige callgirl Zahia die drie Franse voetballers juridisch in het nauw bracht, 'dus ik dacht: waarom geen geld vragen?' En waarom je mond houden? Want dát is de keerzijde van scheef gaan: het komt altijd uit. Ook bij vrouwen. Zo werd Susanne Klatten, BMW-grootaan-deelhouder en rijkste vrouw van Duitsland, vorig jaar gechanteerd door de man met wie ze vreemdging. Haar echtgenoot bleek stomverbaasd. Ook Iris Robin-son, lid van het Britse parlement en echtgenote van de Noord-Ierse premier Peter Robinson, bleek een affaire te hebben met een negentienjarige goudzoeker. Nadat hij 55.000 euro van haar had losgepeuterd, nam hij de benen. Tja dames, dat heet nou een koekje van eigen deeg. Met extra noten en zaden.

De mannencrèche

Duitsland heeft na de *Babyklappe* (het wereldberoemde vondelingenluik) weer een nieuw fenomeen: de *Männergarten*. Deze mannencrèche is een groot succes in Hamburg. Mannen die door hun vrouw tegen heug en meug worden meegesleept op de zaterdagmiddaginkopen, kunnen nu in de Nox Bar voor tien euro 'overblijven'. De vrouwen krijgen zelfs een heus bonnetje waarmee ze hun echtgenoot aan het einde van de middag weer kunnen ophalen. Ik ben benieuwd hoeveel van dit soort bonnetjes per ongeluk wegwaaien. Wanneer je je volwassen vent toch alleen maar als een groot kind ziet, kun je hem maar beter meteen in de ballenbak laten zitten, toch? De internationale kranten spraken dan ook lacherig over de 'infantilisering van de man', maar eigenlijk gaat de crèchekerel gewoon terug naar de natuur. Toen ik ooit in Zuid-Afrika op safari was, zei mijn *park ranger* bij de aanblik van een luierende leeuw, dat de vrouwtjesleeuwen al het eten bij elkaar jaagden. De mannetjesleeuw lag de hele dag met zijn eigen staart te spelen en hees zich alleen overeind wanneer een andere mannetjesleeuw zijn hangplek dreigde in te nemen.

Volgens de park ranger ging het bij heel veel diersoorten net zo. Biologisch gezien is de Männergarten dan ook een volkomen normaal verschijnsel. Je zou hopen dat een paar duizend jaar sociale ontwikkeling enige sporen had achtergelaten – maar nee. De vrouw sleurt zich nog steeds een ongeluk tussen de supermarkt en de slager, terwijl manlief zich laat fêteren in de Nox Bar. Voor tien euro krijgt hij daar een heus naamplaatje, twee biertjes, een warme maaltijd, spelcomputers en een groot tv-scherm waarop voetbalwedstrijden te zien zijn. Ook is er de mogelijkheid een cursus doe-het-zelf te volgen. (Let wel: hiermee wordt boren en timmeren bedoeld, want 'doe zelf de was' of 'doe zelf de boodschappen' spreekt de heren op de een of andere manier veel minder aan.) Waarom mannen liever met hun eigen staart gaan spelen, begrijp ik maar al te goed. Maar waarom iedere week tussen de 25 en 30 vrouwen hun man naar de Männergarten brengen, is mij een raadsel. Is het moderne mannetjesdier dan echt zo onhandelbaar?

Over kinderen die scènes maken in volle winkels zeggen de opvoedboeken dat je ze gewoon moet negeren, anders beloon je ongewenst gedrag. De mannencrèche lijkt mij het toppunt van het belonen van ongewenst gedrag. Je gaat gewoon een beetje lopen mokken en hopla – vóór je het weet zit je achter twee bier. Volgens een veelbesproken onderzoek van de Britse psycholoog Tim Denison krijgen een man en een vrouw die samen winkelen na gemiddeld 72 minuten ruzie. Hij is het dan al helemaal zat, terwijl zij nog minstens een halfuur wil doorgaan. Want tja, de arme sukkel is van nature nu eenmaal een 'jager' die snel wil toeslaan, terwijl zij een 'verzamelaar' is die tot vervelens toe overal wil rondneuzen. Nu heb ik er niet voor doorgeleerd, maar ik denk dat het er maar helemaal aan ligt wáárop er wordt gejaagd. Ben je bijvoorbeeld ooit met een man een stereo gaan kopen? Dan praat-ie een halve dág met zo'n verkoper over WAV-files, USB, DSP, Bi-amping en DX/local. Zeg – is een Babygarten en een Männerklappe niet een veel nuttiger idee?

Scheiden doet lijden

Om mij heen wordt er behoorlijk wat gescheiden door vrienden en collega's. Het lijkt wel of het in de lucht hangt. Zou het besmettelijk zijn? Of is het de leeftijd? Hoewel iedere scheiding natuurlijk anders is, zie ik toch een aantal terugkerende thema's. Zo lijkt het wel of ouders die hun kinderen op de been hebben (eindelijk uit de luiers en de natte boertjes, eindelijk klaar met nachtvoedingen, traphekjes en fietsstoeltjes) opeens weer tijd hebben om echt naar elkaar te kijken, en prompt denken: maar – wie bén jij eigenlijk? Het krijgen van kinderen is alsof er een bom afgaat in je relatie. Wanneer de kruitdampen weer wat zijn opgetrokken uit de puinhoop die eerst je woonkamer was, blijkt niet zelden dat je huwelijk ook de nodige averij heeft opgelopen. Tenminste, dat zie ik om me heen gebeuren. Mannen die niet genoeg aandacht hebben gekregen na de geboorte van een tweeling, want tja, aan elke tiet hing er al één. Vrouwen die al jaren mama-mama-mama horen en zelfs door hun eigen man 'moeders' worden genoemd, vallen als een blok voor de stoute

72

carpoolcollega die vraagt of ze ook eens aan zíjn pook wil zitten.

Banaal? Zeker. Maar zo simpel kan het vaak zijn. 'Seks leidt tot meer kinderen, maar kinderen leiden niet tot meer seks,' heb ik in een van mijn opvoedboeken geschreven. Je begint aan kinderen omdat je elkaar zo leuk vindt, maar na jaren van slaapgebrek en opvoeddiscussies raakt dat gevoel niet zelden ondergesneeuwd. Zodra de gedachte: 'ik trek de kleren van zijn lijf' is vervangen door: 'ik trek de kop van zijn romp' is het misschien tijd om uit elkaar te gaan. Maar wanneer je nog niet rondloopt met moorddadige gedachten, is het wellicht een beter idee om je relatie nieuw leven in te blazen. Ja, het zijn tropenjaren, die eerste jaren met kleine kinderen. Maar uiteindelijk valt en staat het allemaal met de juiste aandacht. Moe of niet – iedereen wil graag gezien worden, zich gewaardeerd voelen, met een lach worden begroet. Door de scheidingsperikelen van mijn vrienden ben ik zelf eerlijk gezegd ook weer even wakker geschud.

Ook ik neem mijn gezinsleven vaak gewoon maar voor lief; dat draait wel door, als een soort busstation waar alle lijnen op één plek bijtanken om vervolgens allemaal een andere kant op te gaan. Maar het is helemaal niet verkeerd om af en toe met je haren bij de les te worden gesleept. Geef ik Richard nog genoeg complimentjes? Doe ik mijn best om me leuk voor hem aan te kleden, neem ik de tijd voor zijn verhalen, maak ik hem duidelijk dat ik nog steeds ontzettend blij met hem ben? Kleine irritaties moet je meteen uitspreken en niks laten etteren, want zodra de emmer vol zit en er geen weg meer terug is, ben je écht ver van huis. Een scheiding haalt het slechtste in mensen naar boven, dat is me de afgelopen tijd wel duidelijk geworden. Mannen die het gas, water en licht laten afsluiten zodat hun kinderen koud moeten douchen, die weigeren alimentatie te betalen en verzekeringen stiekem opzeggen... Soms weet je pas met wie je getrouwd bent zodra je besluit te scheiden.

Wens

Op de laatste dag van het jaar gaan mijn gedachten uit naar mijn vader, die inmiddels alweer vier weken in het ziekenhuis ligt. Twee weken geleden heb ik in mijn column beschreven hoe hij na een openhartoperatie verward uit de narcose is gekomen.

Deze zorgelijke toestand heet een delier, en inmiddels heb ik begrepen dat dit in meer of mindere mate maar liefst één op de drie zeventigplussers na een narcose overkomt. Ik schreef dat ik hoopte dat een engel mijn vader bij de hand zou nemen, en hem de weg zou wijzen uit de doolhof in zijn hoofd. Inmiddels weet ik hoe deze 'hulp van boven' zich heeft gemanifesteerd: het zijn de verpleegkundigen, de zaalartsen en de hart-longchirurg die zich al vier weken met een engelen-geduld om mijn vader bekommeren. En mijn moeder natuurlijk, die haar hele leven op pauze heeft gezet, en iedere dag naast zijn bed zit. Dat is niet altijd een even dankbare taak, want mijn vaders gemoedstoestand gaat op en af.

Hij vertoont 'delirant gedrag', wat een nette medische term is voor het feit dat-ie knap onhandelbaar kan zijn. Zijn verwardheid is gelukkig niet meer zo erg als de eerste twee weken. Het is heerlijk om weer een (min of meer) gewoon gesprek met hem te kunnen voeren, waarin ik een glimp kan opvangen van de man die hij eigenlijk is: een trotse vader, een grappige opa, een veelbelezen man die geïnteresseerd is in de wereld. Maar die wereld is voor hem een onveilige plek geworden, en dat is pijnlijk om te moeten zien. Zijn waarneming is nog steeds gestoord in tijd en plaats, waardoor hij veel moeite heeft om zichzelf te oriënteren. Hij weet wie hij is, maar eigenlijk nog steeds niet helemaal wáár hij is, laat staan waarom. Vooral 's nachts verhevigt zijn verwarring, wat gevaarlijke situaties oplevert omdat hij aan zijn slangetjes trekt, zijn bandages verwijdert en zich verzet tegen verpleegkundigen die hem voor zijn eigen veiligheid vastbinden in bed. Overdag is hij daar dan hevig verontwaardigd over, en dat begrijp ik heel goed.

Als dochter kan ik het bijna niet aanzien; de paniek in zijn ogen, de boosheid, het onbegrip. Hij had er zo naar uitgekeken dat zijn driedubbele bypass en de nieuwe hartklep hem nieuw elan zouden geven; nieuwe energie en veerkracht om al die dingen weer te gaan doen waar hij nu vaak te moe voor was. En weet je wat het wrange is? De operatie is bijzonder goed geslaagd.

Nu moet die laaghangende mist nog uit zijn hoofd, en men heeft mij verzekerd dat dat waarschijnlijk ook zal gaan gebeuren. Maar wanneer? Ik heb bewondering voor de hoeveelheid begrip en geduld waarmee het verplegend personeel met zulke patiënten omgaat. Want terwijl de rest van Nederland aan het kerstdiner zat, waren zij in de weer met mijn vader en alle andere patienten die daar liggen. En terwijl er vanavond weer voor miljoenen aan vuurwerk de lucht in wordt geschoten, worstelen de ziekenhuizen met minder budgetten en meer bezuinigingen. Mijn nieuwjaarswens? Meer geld voor onderzoek naar het hoe en waarom van een delier. Want mijn vader zal helaas niet de laatste papa zijn die dit overkomt.

Cadeaus

Ik mis mijn Moederdagcadeautjes. Nu Emma en Alec alweer 14 en 12 jaar zijn, is de tijd definitief voorbij dat ik werd verblijd met klassieke knutselwerkjes als de rups (een geverfde eierdoos), het schaap (watten op een wc-rolletje) en het vogelhuisje (opengewerkt melkpak).

Het ontbijt op bed ontaardde ieder jaar in een slagveld van eierstruif en verbrande toast, en de trap naar boven was steevast bezaaid met platgelopen hagelslag en geknoeide 'sjuuderans'. De thee stond in een voetenbadje en de bloem was uit de tuin gerukt – maar o, die trotse snoetjes. Daar kon ik nog uren van nagenieten. Met Glorix, welteverstaan. En toch mis ik het. Natuurlijk vind ik het hartstikke leuk dat ik tegenwoordig écht eten krijg met zelfgemaakte brownies en een fruitsmoothie, en dat ze de mooi ingepakte badolie en lavendelthee van hun eigen zakgeld hebben betaald. Maar stiekem mis ik ook het misvormde, gekleide potje en de beschilderde steen omdat ik 'een kei van een mama' ben. Maar waarom eigenlijk? Omdat ik iets afsluit, denk ik.

Na de zomer gaat ook Alec naar de brugklas, en dan is de lagereschooltijd voorgoed voorbij. Al die jaren, al die klassen... en natuurlijk al die tenenkrommende dansjes die ons genoeg gênant videomateriaal hebben gegeven om Emma en Alec hun hele tienertijd te kunnen chanteren ('Moet mama soms dat Shakira-buik-dansje op je Facebook-pagina zetten? Nee? Dan half-twaalf thuis!'). Het voelt of ik een heel onschuldige en kneuterige fase in mijn leven ga achterlaten. Een tijd waarin de kinderen tussen de middag naar huis kwamen om een boterhammetje te eten. Een tijd waarin ze nog een beetje bang waren voor Sinterklaas (hoe handig was dát?). Een tijd waarin ik precies wist wat er van mij als moeder werd verwacht – in tegenstelling tot het pinnige: 'Wat dóé je hier?' dat ik nu soms naar mijn hoofd krijg. Niet alleen mijn kinderen gaan naar een andere levensfase; ook ík krijg nu te maken met een ander level waarin ik een nieuw setje vaardigheden zal moeten aanleren om punten te scoren.

Omdat meerdere van mijn vriendinnen met hun kinderen in deze leeftijdsfase zitten, hebben we onszelf voor Moederdag een avondje moodboarden cadeau gedaan bij de Mood Salon; het nieuwe bedrijf van Nicolette Meijer, oprichtster en voormalig eigenaresse van de babywinkel BamBam. Toen mijn kinderen baby's waren, had ik veel spulletjes van BamBam; van spenen en knuffels tot een rieten bedje aan toe. Ik vind het dan ook grappig dat uitgerekend de eigenaresse van BamBam enige tijd geleden tot de conclusie was gekomen dat het tijd werd om een andere levensfase in te gaan, en iets nieuws te beginnen. Dat is de Mood Salon geworden, waar je een avondje met je vriendinnen gaat knippen en plakken en scheuren en drinken en praten en lachen – en ondertussen creëer je een moodboard waar je al je wensen en diepste gedachten op projecteert. Zoals het een goede 'moeder' betaamt, vond Nicolette al onze fröbelwerkjes even mooi en veelzeggend. En dat waren ze ook. In iets wat je zelf hebt gemaakt, zit een bepaalde energie, schoonheid en betekenis die je misschien nooit had vermoed. En dat geldt zelfs, zo weet ik nu, voor misvormde, geklei-de potjes.

Hond

Terwijl ik dit schrijf, ligt onze hond Raffa tegen mijn voeten; ingeklemd tussen mijn stoel en mijn bureau. Het past eigenlijk niet, maar Lhasa Apso's (ook wel bekend als Tibetaanse vloerkleedjes) liggen nu eenmaal graag óp je voeten.

Het verhaal gaat dat monniken dit hondenras speciaal hebben gefokt om hen warm te houden in de winter, maar ik weet niet of dit waar is. Feit is wel dat onze hond zich gedraagt als een levende deken. Een onwelriekende deken, maar ik geloof niet dat boeddhistische monniken hier een punt van zouden maken. Ik wel. Man, wat kan zo'n beestje meuren. Honden laten scheten, ruiken uit hun snuitje en als ze zich krabben stijgt er een walm omhoog. Ik geef Raffa de juiste voeding, ik poets zijn tanden (met tandpasta met leverpasteismaak, brrr!) en hij wordt om de zoveel tijd gewassen met speciale hondenshampoo. En toch stinkt-ie. Maar ik kan het tegenwoordig hebben, want Raffa en ik zijn vrienden geworden. Ja, echt.

In deze column heb ik een aantal keren beschreven

hoe slecht ik kon opschieten met onze gezinshond. Hij kwam ooit als pluizige pup bij ons naar binnen, en dacht ter plekke: die blonde, die moet ik niet. Wanneer ik met Raffa alleen was, liet hij zich niet door mij oppakken of vangen. Hij ging zelfs vals grommen en bijten; iets wat mensen domweg niet konden geloven van zo'n schattig dier. In zijn tv-programma hoorde ik hondenfluisteraar César Millán zeggen dat honden gevoelig zijn voor de 'energie' die je uitstraalt. 'Maar wat straal ik dan uit?' vroeg ik vorig jaar nog in een column. Nou, achteraf gezien was dat niet zo ingewikkeld. Ik was boos. En een beetje bang. Die twee samen zijn funest wanneer je een goede band wilt opbouwen met een hond. Zo'n beest wil een leider, geen lijder. Honden denken hiërarchisch, en als jij zijn respect niet verdient, krijgt hij letterlijk en figuurlijk schijt aan je. Waarom denk je anders dat Raffa's drollen altijd in míjn werkkamer lagen?

Ik ben begonnen met het royaal uitdelen van hondenkoekjes, maar de echte eyeopener was César Millán. Iedere zondag zat ik met grote ogen voor de tv: hoe dóét die man dat toch? Maar of hij nu te maken heeft met valse chihuahua's, hysterische herders of dolgedraaide dobermanns, Césars mantra is eigenlijk altijd hetzelfde: 'Het gedrag van een hond reflecteert dat van jou.' Duidelijke taal, dacht ik. Het ligt dus wel degelijk

aan mij. En dus heb ik de handschoen opgepakt, of beter gezegd: ik heb hem neergelegd, want op een gegeven moment durfde ik Raffa alleen nog maar met oven-
handschoenen te benaderen. Met die idioterie ben ik
meteen gestopt. Ik ben hem meer gaan aaien en vrien-
delijker tegen hem gaan praten. Ik ben met hem gaan
wandelen, heb lekkere kluifjes voor hem gekocht, en
heb hem 's avonds voor de tv op schoot genomen. Dit
charmeoffensief heb ik een halfjaar volgehouden, en
sindsdien gaat het helemaal vanzelf. Raffa en ik zijn nu
de beste vriendjes. Hij is altijd dolblij als ik thuiskom
én hij lust alles wat ik kook. Hmm... eens kijken hoe
ik dát ook bij de rest van mijn gezin voor elkaar kan
krijgen.

Ballerina

Sommige levensverhalen zijn zo onvoorstelbaar dat ze wel een sprookje lijken – maar dan wel één met een heel donker randje. Tijdens mijn vakantie in Amerika las ik over de guitige, zeventienjarige Michaela DePrince, die alom wordt gezien als een rijzende ster in de internationale balletwereld en die zojuist haar eerste plek in een professioneel balletgezelschap heeft veroverd. Leuk, dacht ik, maar toen las ik verder. Want Michaela komt eigenlijk uit Sierra Leone, en is geboren als Mabinty Bangura. Haar vader is vermoord door rebellen, en haar moeder is kort daarna van de honger gestorven. Haar oom heeft de toen driejarige Mabinty afgeleverd bij een weeshuis, en nooit meer achteromgekeken. In het weeshuis kregen alle kinderen een nummer al naar gelang hun populariteit bij de leidsters (ik vraag me werkelijk af welk harteloos type het in haar hoofd haalt om zoiets bij getraumatiseerde oorlogskinderen te doen), en Mabinty kreeg het laagste nummer: 27.

Ze heeft namelijk vitiligo; een huidziekte die haar witte vlekken in de hals en op het borstbeen geeft,

waardoor ze in het bijgelovige Sierra Leone werd be-
stempeld tot 'duivelskind'. De kleine Mabinty kreeg
daardoor het minste eten, nauwelijks aandacht en zelden nieuwe kleertjes. Er was één leidster die zich haar
lot aantrok, maar toen zij en Mabinty eens samen buiten liepen, werden ze overvallen door rebellen. De baby
van de zwangere leidster werd uit haar buik gesneden,
en de armen en benen van de arme vrouw werden met
messen afgehakt. Ook Mabinty werd neergestoken,
maar zij wist ternauwernood te overleven. Emotioneel
gebroken bracht ze bijna twee miserabele jaren in het
weeshuis door. Het enige wat haar op de been hield,
was een foto van een ballerina die ze op de cover van
een weggegooid tijdschrift had gevonden. De tutu, de
spitzen, het kroontje – iedere dag droomde ze weg bij
het voor haar zo surrealistische plaatje. Ergens in de
wereld gaan de mensen zó gekleed, dacht ze, en daar
wil ik naartoe!

Toen ze uiteindelijk als bijna vijfjarige door het
Amerikaanse echtpaar DePrince werd geadopteerd
(waarbij de leiding van het weeshuis nog sputterde:
'Zou u dat meisje wel nemen, met die lelijke vlekken?')
dacht ze dan ook: nu krijg ik eindelijk zo'n tutu! Zelfs
toen het geen klederdracht maar een keiharde sport
bleek te zijn, wilde Mabinty alleen maar dansen. Onder
haar nieuwe naam Michaela doorliep ze alle mogelijke

balletscholen, waarbij ze meteen op het volgende probleem stuitte: ze heeft een donkere huidskleur – en dat zijn ze in het gesloten balletwereldje nog steeds niet gewend. Maar Michaela had maar één wens: worden zoals die droomvrouw op dat plaatje. Zweven door de lucht; licht en vrij. En het is haar gelukt. Ze is een van de weinige zwarte prima ballerina's, en reist door Afrika om meisjes een hart onder de riem te steken. De getraumatiseerde, verwaarloosde Mabinty Bangura is gereïncarneerd in de succesvolle, gedreven Michaela DePrince. Een bitterzoet verhaal, waar mijn hart van opleeft en tegelijkertijd van breekt. Want hoeveel afgedankte Mabinty's zullen deze kans nooit krijgen?

Wat maakt een man tot een vader?

Wat maakt een man tot een vader? Het krijgen van een kind is in ieder geval niet voldoende; het hebben van een piano maakt je tenslotte ook niet tot een pianist. De Amerikanen hebben er een mooie uitdrukking voor: *fatherhood shows more in deed than in seed* – na de daad tellen vooral de daden. Maar wat zijn dat dan voor daden? Heel wat mannen schijnen in verwarring te zijn over wat er nu eigenlijk van een moderne vader wordt verwacht. Neem nou prins Willem-Alexander. Om de zoveel tijd organiseert hij een persdag waarop het journaille foto's mag maken van zijn gezin. Op een van die dagen droeg hij een verantwoorde BabyBjörn-draagzak, waarbij de kleine Alexia op zijn buik bungelde. Hele columns zijn erover vol gelachen, want de stuntelige onwennigheid straalde ervan af. Hiermee illustreerde onze kroonprins de tragiek van de goedwillende vader van nu: ook al doet hij nog zo zijn best, moeder-de-vrouw heeft er altijd iets op aan te merken. Dit verschijnsel heb ik het 'eierstokpaardje' gedoopt: het waanidee dat moeders alles beter kunnen dan vaders. Uit onderzoeken blijkt dat de gemiddelde man nog steeds niet veel aan de opvoeding of in het huishouden doet. Daar zijn ongetwijfeld een heleboel verschillende redenen voor, maar zou het ook niet kunnen komen doordat vrouwen hen weinig láten doen? Want als muggenziften een sport was, dan waren vrouwen wereldkampioen. Dus dames: áls je man eindelijk eens de stofzuiger ter hand heeft genomen, ga dan niet lopen vitten dat-ie het in rechte banen had moeten doen. En als hij eens spontaan de was heeft gevouwen, ga dan niet klagen dat er valse vouwen in zitten. En in hemelsnaam: weersta de verleiding om je man als een van je kinderen te behandelen. Dan brengt hij maar de verkeerde boodschappen mee – alles is beter dan dat je hem naar de supermarkt stuurt met een velletje papier waarop je de juiste etiketten hebt geplakt. Vaders kunnen ook moederen, maar dan wel op hun eigen manier.

Toch heb ik er zelf ook geregeld moeite mee om de regie uit handen te geven. Toen ik vorig jaar was uitgenodigd om een week in Villa Felderhof te verblijven, had ik niet alleen mijn eigen tas ingepakt maar ook alvast alle kinderkleren vooruit gewassen, gestreken en in setjes klaargelegd. Zoals wel meer mannen is Richard tamelijk kleurenblind, al is kleuronverschillig misschien een beter woord. Emma wil een oranje т-shirt bij haar roze broek? Tuurlijk meid. Alec wil in zijn Tarzan-pyjama naar school? Als die jongen dat nou leuk vindt... Maar ík vind dat soort fratsen helemaal niet leuk, dus ik had het gevoel dat ik alles tot in de puntjes moest voorbereiden. Ik kon mezelf nog net bedwingen om geen nummertjes bij de kleren te plakken, maar voor de rest had ik weinig aan het toeval (lees: aan Richard) overgelaten. Mannen hebben nu eenmaal heel andere prioriteiten. Toen ik eens voor Alec nieuwe kleren had gekocht, had Richard hem uitgerekend díé spullen aangetrokken om samen te gaan vissen. Bij thuiskomst zat Alec helemaal onder de stinkende modder. 'Maar het was toch leuk?' was Richards verbaasde reactie op mijn donderpreek. En voor het eerst dacht ik: misschien heeft hij wel gelijk. Misschien moet ik op zulke momenten inderdaad wat meer door mijn neus ademen in plaats van uit mijn dak te gaan. Want waarom verander je als moeder toch zo snel in de plezierpolitie? Zodra het voor de kinderen ook maar een béétje leuk dreigt te worden (lekker in de sloot springen, pissebedden vangen en fijn mee naar je kamer nemen) komt bij mama algauw het stoom uit haar oren. Vaders zijn veel speelser en daar kunnen moeders best nog wat van leren. Maar mannen nemen het hele sociale leven sowieso wat lichter op – soms

zelfs iets té licht. Verjaardagen, bedankbriefjes, kerst-
kaarten? Vrouwlief houdt het wel bij.

Zo was ik laatst mijn boeken aan het signeren op een
kinderbeurs toen er een man aan mijn tafeltje kwam
staan. Zijn beste vriend was vader geworden, zei hij
stralend. En nu wilde hij hem graag mijn boek *De geboorte van een gezin* cadeau doen. Of ik er iets leuks in
kon schrijven? Natuurlijk. 'Hoe heet zijn zoon?' vroeg
ik. 'Geen idee,' stamelde de man. Hoe bedoel je – geen
idee? Hij kon het zich domweg niet herinneren. 'Ik
ben nog wel zijn peetvader,' zei de man schaapach-
tig, 'maar zijn naam heb ik niet onthouden.' Het kind
van zijn beste vriend bleek al vijf máánden geleden te
zijn geboren maar a) was hij als peetvader nog niet
op kraamvisite geweest, b) had hij nog geen cadeau-
tje gestuurd en c) kon hij zich niet eens de naam van
de boreling herinneren. Deze man had duidelijk geen
vriendin, want die had 'm met de braadpan naar zijn
petekind geslagen. Toen ik thuiskwam en het verhaal
aan Richard vertelde, zei hij droog: 'Ach, zijn vriend
vindt het vast niet zo erg allemaal.' Daar had hij waarschijnlijk nog gelijk in ook. Mannen vinden niks erg.
Ze hebben nu eenmaal een andere bedrading dan
vrouwen, waardoor ze ook een ander soort energie in
het opvoeden steken. In de documentaire *OverLeven*

(KETNET/Canvas) vertelde de Belgische psychologe Karine Verschueren over haar onderzoek naar het hechtingsgedrag van kinderen. Zij was daarbij tot de conclusie gekomen dat er een duidelijk verschil is tussen de hechting aan de vader en de hechting aan de moeder. Een vader was volgens Verschueren te vergelijken met een minister van Buitenlandse Zaken; hij was meer gericht op de 'buitenwereld' van lichamelijkheid en sociale interactie, terwijl de moeder zich als minister van Binnenlandse Zaken vooral bezighield met troosten en beschermen.

Het leek wel of Karine Verschueren zich tijdens haar onderzoek bij mij thuis in de kast had verstopt, want haar bevindingen waren naadloos van toepassing op mijn gezin. Want hoe stoer Emma en Alec ook achter hun energieke doe-vader aan liepen, zodra ze bij het stoeien een schaafwondje hadden opgelopen, renden ze in een rechte streep naar mij. Als geëmancipeerde vrouw baalde ik in het begin behoorlijk van deze rolbevestigende gang van zaken. Waarom was ik nou weer de Pleisterbalie en mocht Richard de afdeling Spanning en Sensatie zijn? Maar uiteindelijk begreep ik dat het hier niet om mij ging, maar om de kinderen. En als zij zich geborgen voelden bij deze balans, wat wilde ik op mijn ministerie dan nog meer? Maar juist omdat mannen wat speelser zijn, is er de neiging ontstaan om hun beleving van het vaderschap te infantiliseren. Op de Jonge Gezinnen Beurs wikken en wegen de aanstaande moeders boven de borstpompen, baarkrukken en babybadjes, terwijl de vaders leuk worden beziggehouden met kinderwagenraces en wedstrijdjes luiers verschonen. Ik kan me voorstellen dat mannen niet altijd even scherp blijven wanneer het gaat om de eindeloze details van een babykamer ('Schattie... nemen we het roze behang met de lila beertjes, het lila behang met de gele eendjes of het gele behang met de roze ballonnetjes?') maar dat mannen niet van winkelen houden is een fabeltje. De heren zeggen graag dat hun jagersinstincten niet zijn gemaakt om urenlang te wachten, te kijken en te vergelijken. Nou, dat hangt er volgens mij helemaal van af waarop gejaagd wordt. Bij de introductie van een nieuwe iPhone speuren ze de hele stad af naar de beste deal en staan daarvoor zonder morren bij nacht en ontij in de rij. Toch vreemd wanneer je bedenkt dat dit dezelfde mannen zijn die zich 's nachts niet wakker laten porren voor een babyfoon.

Maar goed – vaders willen zich dus niet al te veel bezighouden met het inrichten, maar hoe zit het dan met het africhten, zoals een vriend van mij dat abusievelijk noemde? Kunnen mannen een baby verzorgen? En is het eigenlijk wel natuurlijk, zo'n zorgvader? Ja, zegt de wetenschap nu. Want zodra een vrouw zwanger wordt, ondergaat haar mannelijke partner óók allerlei hormonale veranderingen. Dit gebeurt waarschijnlijk door feromonen: geurstoffen die de hele dag door het lichaam worden afgescheiden en die onbewust worden opgepikt door de andere sekse. Er was al langer bekend dat sommige mannen tijdens de zwangerschap van hun vrouw zelf ook last kregen van allerlei zwangerschapsverschijnselen, zoals ochtendmisselijkheid en het vasthouden van vocht. Dit werd jarenlang hoofdschuddend weggezet onder het kopje 'aanstelleritis' maar inmiddels weet men uit onderzoek dat deze hormonale veranderingen wel degelijk bij mannen plaatsvinden. En niet per ongeluk, maar met opzet. De natuur heeft zo haar eigen manier om het competitieve mannetjesdier zover te krijgen dat hij vaderlijk gedrag gaat vertonen. Bij mannen van wie de partner in verwachting is, stijgt bijvoorbeeld het oestrogeen- en prolactinegehalte in het bloed, waardoor zij meer willen verzorgen en beschermen. Na de geboorte van een kind keldert bij mannen het testosteronniveau met 33 procent, zodat hun 'moederlijke' kant volop de kans krijgt om zich te etaleren. Hoewel dit effect tijdelijk is, is het verhoogde oestrogeengehalte voor vaders blijvend. Biologisch gezien wordt een man dus net zo klaargestoomd voor het

93

ouderschap als zijn vrouw, en is de moderne kreet 'wij zijn zwanger' helemaal niet ver bezijden de waarheid.

Aan het mannelijk lichaam zal het dus niet liggen, maar hoe staat het met zijn geest? Met andere woorden: wat maakt een man tot een goede vader? Dat laat zich samenvatten in een vaderschaps top 5, waarbij ik meteen met nummer één zal beginnen: *het beste wat een vader voor zijn kinderen kan doen, is lief zijn voor de moeder.* Kinderen voelen zich veilig en geborgen bij ouders die liefdevol met elkaar omgaan, dus daar kun je als vader behoorlijk wat punten scoren. Zowel jongens als meisjes zien de omgangsvormen tussen hun ouders als een soort blauwdruk voor hun eigen toekomstige relaties; is het niet als lichtend voorbeeld dan is het wel als afschrikwekkend spookbeeld. En zo kom ik bij nummer twee: *het is belangrijk dat je als vader geregeld thuis bent.* Niks werkt kinderen meer op de zenuwen dan zo'n overbezette vader die doordeweeks nergens tijd voor heeft, maar in het weekend wél een stevig potje wil opvoeden. Wanneer jij daadwerkelijk ruimte maakt voor je kinderen, zullen zij ook ruimte maken om naar je te luisteren. Hierbij helpt het als moeders niet alle disciplinaire maatregelen voor zich uitschuiven door te roepen: 'Wacht maar tot je vader thuiskomt!' Nummer drie: *probeer zo veel mogelijk samen te eten, zowel ontbijt als avondeten.* Dat lukt niet altijd, maar regelmatig samen aan tafel is belangrijk voor een kind. Het moderne gezinsleven is al een soort busstation waar de lijnen alle kanten uitvliegen, dus het is goed én gezellig om een rustpunt te creëren waar het familiegevoel wordt versterkt. En dat gezeur over *Studio Sport* kijken 'met het bord op schoot' is zó tweeduizendnul. Eten doe je gewoon aan tafel, paps.

Op vier: *geef het goede voorbeeld.* Kinderen zien niet alleen hoe jij de vaatwasmachine in- en uitruimt, maar ook hoe jij je emoties in- en uitruimt. Wanneer je hen vertelt dat ze geduldig moeten zijn terwijl je zelf steeds uit je dak gaat in de file, is dat niet goed voor je geloofwaardigheid. Opvoeden is voorleven. Dat is niet altijd even makkelijk, want op een aantal huishoudelijke punten (Ruim je schoenen op! Niet op de wc-bril plassen! Geen scheten aan tafel!) scoren vaders ook niet al te hoog. Op zulke momenten is het raadzaam om je vrouw wijs te maken dat het voor kinderen heel gezond kan zijn wanneer ze zien dat de man des huizes ook maar een mens is. En tot slot op vijf: *durf grenzen te stellen.* Er bestaat een Afrikaans spreekwoord over het hanteren van conflicten: 'Spreek zachtjes, en neem een grote knuppel mee'. Dat geldt ook voor opvoeden. Probeer eerst iets op te lossen met praten; een goed gesprek op ooghoogte doet vaak wonderen. Maar om niet te verzanden in het moeras van het poldermodel, moeten je kinderen weten dat het menens is. Eigenlijk kun je opvoeden samenvatten in drie woorden: ja is ja. Of nee is nee. Als je zegt dat er regels zijn, durf die dan ook te handhaven. En als je waarschuwt voor consequenties, voer die dan ook door. Als kinderen één ding willen, dan is het duidelijkheid. En mannen kunnen dat geven. Want vaders, dat zijn moeders met ballen.